Antonio Mira de Amescua

La mesonera del cielo y ermitaño galán

Edición de Vern Williamsen

Barcelona **2024**
Linkgua-ediciones.com

Créditos

Título original: La mesonera del cielo y ermitaño galán.

© 2024, Red ediciones S.L.

e-mail: info@linkgua.com

Diseño de cubierta: Michel Mallard.

ISBN rústica: 978-84-9816-097-0.
ISBN ebook: 978-84-9897-574-1.

Sumario

Brevísima presentación

La vida

Antonio Mira de Amescua (Guadix, Granada, c. 1574-1644). España.

De familia noble, estudió teología en Guadix y Granada, mezclando su sacerdocio con su dedicación a la literatura. Estuvo en Nápoles al servicio del conde de Lemos y luego vivió en Madrid, donde participó en justas poéticas y fiestas cortesanas.

Personajes

Abrahán, galán
Pantoja, gracioso
María, dama, sobrina de Artemio y de Abrahán
Alejandro, galán
Lucrecia, esposa de Abrahán y cuñada de Artemio
Artemio, viejo, hermano de Abrahán
Leonato, caballero
Mardonio, caballero
Demonio
Álvarez, vejete

Jornada primera

(La escena es en Alejandría.)

(Salen Abrahán, de galán, y Pantoja, de lacayo.)

Abrahán   Esto ha de ser.

Pantoja   ¿Es posible
que en el día de tus bodas
des en este disparate?

Abrahán   No me repliques, Pantoja,
que el casarme es desacierto.

Pantoja   ¡Por Dios, señor! Que la novia
puede armarse de paciencia,
pues para verter aljófar
no ha menester este día
tratar ajos ni cebollas,
porque a verter margaritas
tu desaire la ocasiona.
¿Qué has visto en ella que así,
cuando está hecha la costa,
la gente junta, amasado
el pan blanco de las tortas,
guisado el carnero verde,
sazonadas las albóndigas,
rellenos los pavos reales,
asada la tierna corza,
las perdices y conejos,
los francolines y tórtolas,
y todo tan en su punto
que a la más cartuja monja

despertara el apetito
a que sin melindre coma,
tú, necio, dejarla intentas?
De que así te hable perdona,
que la locura en que has dado
obliga a que se haga tonta
la mayor cordura. Dime
ya que a aquesto te acomodas,
¿por qué quieres que yo pague
sin haber pecado en cosa
tu disparate y locura?

Abrahán   Pésame que así te opongas
a mis intentos. ¿En qué
se marchitan y malogran
los tuyos?

Pantoja   ¿En qué, preguntas?
La respuesta no es muy honra:
El tiempo que te he servido,
años, meses, días y horas,
con esperanza he pasado,
si bien con hambres famosas,
de verme harto este día.
Y agora que era forzosa
la ocasión de ver cumplido
mi deseo, te alborotas
y das en esta locura.
Déjame, señor, que coma,
y que salgan de mal año
las tripas y las alforjas
del cuajo, y partamos luego
a las indias más remotas,
a los senos más incultos,

a las más tristes mazmorras,
a las más secretas cuevas,
a las más hondas alcobas,
a los sótanos más fríos,
a la más cálida zona,
a la Escitia más helada,
a la ribera más sorda
del Nilo, a Chipre, a Cantabria,
a Jerusalén, a Roma,
y adonde quisieres vamos
en comiendo; mas agora
has de saber que a las tripas
he soltado las alforzas,
y están, sin mentir en nada,
con una hambre canóniga,
pues canónigos parecen
en la hambre y en la cola.

Abrahán   ¡Qué gustes de disparates,
cuando yo a mayores cosas
me dispongo! Si pretendes
seguirme, no te hagas roca
a mi intento, que esta hartura
se acabará en horas cortas,
y te hallarás más hambriento
cuando se acabe la boda.
Si quieres seguir mis pasos
ven conmigo y no interpongas
razones disparatadas,
porque con ellas malogras
el tiempo que estoy perdiendo,
que el tiempo es cosa preciosa,
y el tiempo una vez perdido
es tiempo y nunca se cobra.

Pantoja	Pues, no perdamos el tiempo; sino gocemos agora el tiempo de la comida, y prevendremos la alforja con vino y pan, y entre el pan llevaremos unas lonjas con que pasemos el tiempo; porque caminar sin bota y sin pan, y más a pie, es la cosa más penosa que «Alivio de caminantes» escribe en todas sus hojas.
Abrahán	Quédate, pues, que ya está muy cansada tu persona.
Pantoja	Oye un poco, por tu vida.
Abrahán	¿Qué quieres?
Pantoja	¿No es muy hermosa la señora novia?
Abrahán	Sí.
Pantoja	¿No es muy discreta?
Abrahán	Es Belona.
Pantoja	¿No es compuesta?
Abrahán	Y muy compuesta.

Pantoja	¿No es santa? ¿No es virtuosa?
	¿No es recogida? ¿No es noble?
	¿No es más que Lucrecia y Porcia?
	¿No es un jardín de virtudes,
	y otras trescientas mil cosas?
Abrahán	Más es de lo que encareces.
Pantoja	Pues si es más, ¿por qué remontas
	el juicio y das en ser loco?
Abrahán	Antes soy cuerdo.
Pantoja	No abonas
	tu disparate con eso,
	que siendo novia de novias,
	siendo de honradas la honrada,
	siendo de hermosas la hermosa,
	siendo de nobles la noble,
	y siendo, al fin, entre todas
	la más cuerda (aunque de lana
	son las mujeres de agora).
	Dejarla de aquesta suerte
	son ocasiones forzosas,
	con cabes tan de a paleta,
	a que diga la más boba...
	o el más bobo de estos tiempos,
	si es que ya bobos se forjan;
	mas ya no hay que buscar bobos,
	que el más tonto se transforma
	en lince y en basilisco
	en esto de quitar honras...
	y así dirá, como digo,
	el que no tuviere boca,

que has entrado en el jardín
a cobrar las olorosas
flores que respiran ámbar,
y que en vez de coger rosas,
azucenas y claveles,
maravillas y amapolas,
hallaste violetas solo;
porque alguna vez entre otras,
por llegar otro primero
deshojó la flor hermosa,
y cuando llegaste tú
hallaste el tronco sin hojas.

Abrahán

Calla, ignorante, no digas,
aunque sea de burlas, cosa
tan loca y disparatada,
con infamia tan notoria;
que presumir de Lucrecia
lo que pronuncia tu loca
lengua, necia y maldiciente,
será decir que las zonas,
círculos y paralelos
por donde gira el antorcha
que con sus rayos alumbra
las más ocultas alcobas,
siendo de zafir brillante
son de materia arenosa;
que el monte rígido es valle;
que el valle es monte, que toca
con sus empinadas puntas
a la célebre corona
de Ariadna; que es el fuego
cristal puro, y que en sus ovas
se esconde el plateado pece;

y que las aguas que brotan
de fuentecillas humildes
son fragua en que se acrisola
el oro puro de Arabia;
que la enfermedad engorda;
que el Sol hiela; que calienta
el hielo; que nunca brotan
las plantas con el verano,
y que el estío no agosta
los pimpollos que el abril
vistió de lozana pompa.
Y así deja necedades,
que quien desenvuelto toca
en el honor de Lucrecia,
a mí me agravia y deshonra.

Pantoja   Pues, ¿por qué quieres dejarla?

Abrahán   Porque una belleza estorba
servir a Dios, y que suba
al monte, donde se gozan
las contemplaciones altas
que el pensamiento remonta
a la eternidad de Dios
y a la esencia de su gloria.
Que tengo por imposible
que quien sirve a dos personas
pueda acudir a un tiempo
a la una y a la otra.
Este mar del matrimonio
tiene al principio las olas
lisonjeras y apacibles.
Suave el céfiro sopla.
La nave, que es la mujer,

ostenta las jarcias todas
compuestas y pertrechadas,
mesana, trinquete y popa.
Toca el clarín amoroso,
con gusto se zarpa y boga,
todo es placer y alegría.
Pero si el mar se alborota,
si hay borrasca y vendavales,
si hay viento y maretas sordas,
si hay huracán descompuesto,
no hay piloto que componga
las velas ya maltratadas,
ni las demás jarcias rotas.
Ya en esta sirte se encalla,
ya topa en aquella roca,
ya no hay áncora que aferre,
porque no alcanza la sonda
de la paciencia aunque tenga
brazas muchas; ya amontonan
rigores contra el piloto
las espumas caudalosas
del cuidado de los hijos
y de las galas y joyas
de la mujer; y atendiendo
a éstas y otras muchas cosas,
es imposible acudir
a la obligación forzosa
de servir a Dios; y así
pretendo que la memoria
se ocupe en cosas eternas
y olvide las transitorias.
Demás de esto hay cosas muchas
que a los hombres apasionan,
y si al principio no huyen,

no hay dejarlas aunque corran.
Que es tal árbol la mujer
que quien se duerme a su sombra,
cuando despierta del sueño,
más penas que gustos goza.
Y si ausentarse pretende,
y lo ejecuta, no importa,
que es la memoria verdugo
que atormenta y acongoja.
Esto, Pantoja, me obliga
a no aguardar a las bodas,
que si aguardo a poner vengo
el fuego junto a la estopa;
y el soplo de la ocasión,
con ternezas amorosas,
es alquitrán poderoso
que tala, abrasa y destroza
los pensamientos más castos,
y encendido, aunque se pongan
estorbos, no hay quien apague
los incendios de esta Troya.
Amor y Ocasión son fuego;
yo soy ciega mariposa,
y tocando al fuego es fuerza
quemarse una vez u otra.
Esto me obliga a ausentarme,
esto me incita a que corra,
esto me mueve a que huya
y esto me anima a que ponga
tierra en medio; que el huir
de ocasiones amorosas
es la mayor valentía
y el vencerse gran victoria.

(Vase.)

Pantoja   Aguarda, no te apresures,
detén el paso, no corras,
que pareces fiera herida
de saeta venenosa.
Él se va y acá me deja.
¡Señor! Ya voy por la alforja,
ya voy por las alpargatas,
presto vuelvo con la bota.
No te vayas tan ligero,
que si vas tan por la posta
es imposible seguirte,
porque estoy lleno de ronchas,
y es menester que un barbero
me saque cuatro mil onzas
de sangre, pues son verdugos
de venas que no están rotas.
Él se fue, ya no parece;
mejor es llamar la novia
que gente tras él envíe,
y en comiéndonos la boda,
si quiere ser ermitaño
—aunque en mí es acción impropia—
si él fuere el padre Abrahán,
seré el hermano Pantoja.
¡Lucrecia, señora mía!
¡Plegue a Dios que me respondas!
¿Oyes, Lucrecia? ¡Ah, Lucrecia!
¡Por Cristo! Que se hace sorda,
cuando es de mucha importancia
que me escuche y que me oiga
siquiera tres mil palabras.

18

(Sale Lucrecia.)

Lucrecia	¿Quién me llama?

Pantoja	Yo, señora, te llamo y doy estas voces.

Lucrecia	¿Para qué?

Pantoja	Para que pongas haldas en cinta, y que partas más ligera que una onza, más suelta que un cabritillo, más veloz que una paloma, más ágil que un ciervo herido, más que fugitiva corza, más que liebre entre los perros, más que la acosada zorra, más que un ladrón cuando huye de alguaciles que lo acosan, más que un sacre tras la garza que a los cielos se remonta, más que el viento...

Lucrecia	¡Calla, necio! O di lo que te ocasiona a llamarme y suspenderme.

Pantoja	Digo, señora, que importa que sin dilatarlo un punto tomes yeguas, tomes postas, y tras de Abrahán, tu esposo, vayas luego, que la mosca le ha picado, y por no verte

se va a vivir entre rocas.

Lucrecia   ¿Qué dices?

Pantoja   Lo que me escuchas,
y si te tardas una hora
será imposible alcanzarle,
que si en el monte se embosca
no ha de haber perro de muestra
que tope con su persona,
ni de la cueva sacarle
podrán cuatro mil huronas.
Esto pasa, esto te digo,
y pues la verdad no ignoras,
haz diligencia apretada
para acabar de ser novia,
que si te quedas así
dirá la Tebaida toda
que novia en jerga te quedas
sin ir al batán la ropa.
Yo voy siguiendo tus pasos,
que aunque parte sin alforjas,
para comprar pan y vino
se deshará de una joya.

(Vase Pantoja.)

Lucrecia   Oye, Pantoja amigo,
no [vas] tan presuroso.
Detén el curso al paso diligente,
y pues eres testigo
de que se va mi esposo,
y permite mi suerte que se ausente
donde tenga por gente

peñascos y panteras,
mi amor me da ligeras
alas para seguirle;
y ya que vas, camina y ve a decirle
que en tan forzoso lance
alas me presta amor con que le alcance.
  Arroyuelos ligeros
hinchad vuestros raudales,
no hagáis puente de plata a mi querido.
Afilad los aceros
en líquidos cristales,
y si prisión de hielo os ha oprimido,
lo que cárcel ha sido
del escarchado enero
rompa el mayor lucero,
grillos de plata pura,
trocando en libertades la clausura,
y en vuestra amena playa
haced a mi querido estar a raya.
  Empinados pimpollos
de hayas y de lentiscos
que hacéis opaco y emboscado monte,
formad con los rebollos
y con los pardos riscos
para que mi Abrahán no se remonte
sierras, que otro horizonte
no descubra ni vea,
sino que en éste sea
mi esposo detenido,
que se aleja de mí cual ciervo herido,
si bien con su partida
la cierva vengo a ser que queda herida.
  Aguarda, dueño mío,
no vayas tan ligero,

vuelve a darme la vida que me llevas.
Mira que tu desvío
es de amante grosero,
y para un firme amor son muchas pruebas.
Yo vine desde Tebas
a ser tu amada esposa,
y ya que mariposa
vengo a ser de tu llama,
vuelve a dar vida a quien de veras ama;
que es notable desdicha
acabarse tan presto tanta dicha.

(Vase. Salen María, sobrina de Abrahán, y Alejandro, galán.)

Alejandro   ¿Hasta cuándo tus rigores
han de durar? Oye un poco,
pues ves que me tiene loco
la fuerza de mis amores.
Médico de mis dolores
puedes ser, que en tanto mal,
el remedio principal
de mis males y mis bienes,
en una caja le tienes
guarnecida de coral.
   Oiga yo, hermosa María,
de tu boca un «sí» de esposo,
que es récipe poderoso
para mi melancolía.
Bien veo que es demasía
lo que pido, pero advierte
que mi buena o mala suerte
consiste, prenda querida,
en tu «sí» que ha de dar vida,
o en tu «no» que ha de dar muerte.

Dos letras hay en el «no»
y dos letras en el «sí»,
y más no te cuesta a ti
decir «sí» que decir «no».
Y si mi amor mereció
ser en tu gracia admitido,
el dulce «sí» que te pido
tan dichoso me ha de hacer
que nombre vendré a tener
del más felice marido.

Y si pronuncia el «no»
en vez de pronunciar «sí»,
verá todo el mundo en mí
lo que mi amor te estimó.
No pido por fuerza yo
que sea mi amor premiado,
mas en tan confuso estado
aguardar será forzoso
ser con tu «sí» muy dichoso
y con tu «no» desdichado.

Y si permitiere el cielo
sentenciar contra mi amor,
de tal sentencia y rigor
para el mismo amor apelo,
donde tendré por consuelo
cuando no admites mi fe,
que mi amor le dediqué
a una mujer que en rigor
sé que no admite mi amor
y que olvidarla no sé.

María   Quisiera tener razones
para saber responder
a la fuerza de querer

que tú delante me pones.
Pero las obligaciones
de una mujer principal
no pueden tener caudal
para hablarte sin desdén;
que decir «no» la está bien
y decir «sí» la está mal.
    Si agora dijera «sí»
en teniendo posesión
pudiera haber ocasión
que te enfadaras de mí;
y como favor te di
adelantado, pudieras
con mil celosas quimeras,
aunque fuera barbarismo,
pensar que hiciera lo mismo
con otro que tú no fueras.
    Y así, conociendo bien
que pudieran dar cuidados
favores adelantados
en quien ama y quiere bien,
mejor es que con desdén
a tu amor responda yo
con las dos letras del «no»
y no con las dos del «sí»,
quedando recurso así
a ti que en tiempo apeló.
    Con mi «no» podrás hablar
a mi tío, que su «sí»
me puede obligar a mí
a que yo te venga a amar;
pero es locura intentar
que sin su gusto te dé
el sí que intenta tu fe

que a desenvoltura pasa
la mujer que ella se casa
aunque enamorada esté.
    Mi tribunal pronunció
la sentencia contra ti,
pues aguardabas un «sí»
y te han respondido un «no»;
que pues tu amor apeló
del rigor de esta sentencia,
ten, Alejandro, paciencia
y sigue el pleito con brío,
que podrá ser que mi tío
revoque aquesta sentencia.

(Hace que se va.)

Alejandro   Oye, aguarda, detente,
no te ausentes de mí tan velozmente;
reprime la extrañeza
y el rigor con que me habla tu belleza;
que me darás la muerte
si me dejas aquí de aquesta suerte.
Que aunque de tu lenguaje
a mi firmeza no se sigue ultraje,
con todo a sacar vengo,
cuando a ser tan dichoso me prevengo,
que intentas de esta suerte
darme por dulce vida amarga muerte.

María   Mal, Alejandro, entiendes,
cuando tanto te agravias y te ofendes,
lo que yo he respondido
a lo que tus razones me han pedido;
que si bien lo entendieras

nunca de mi respuesta te ofendieras.
Que no fue despreciarte,
ni decirte que yo no quiero amarte,
ni mostrarte desvío
remitiéndolo al gusto de mi tío;
que antes te ocasionaba
para pensar que el alma te estimaba.
Y así vuelvo a decirte
que para hablalle puedes prevenirte,
que si al «sí» pretendido
con un resuelto «no» te he respondido,
es decirte que es justo
que no me case yo contra su gusto.

(Detiénela.)

Alejandro   Oye, hermosa María.

María   Ya de límite pasa tu porfía.

Alejandro   Es amor quien lo ordena.

María   Habla con mi tío y sal de aquesta pena.

Alejandro   Temo el «no» de su boca.

María   También ese temor es acción loca.

(Sale Artemio, viejo.)

Artemio   ¡Sobrina! ¿Qué es aquesto?
                   ¿Sola con Alejandro en este puesto
                   estás de esa manera?

María	A tu pregunta responder quisiera;
	mas si el verme te ofende,
	Alejandro dirá lo que pretende.

(Vase María.)

Artemio	¿Qué es aquesto, Alejandro?
Alejandro	Ya sabes que soy hijo de Tebandro.
Artemio	Ya lo sé y sé quién eres.
Alejandro	Pues de hallarme aquí no es bien te alteres.
Artemio	Tu nobleza, ¿a qué aspira?
	Dime la causa.
Alejandro	No diré mentira.

  Ya sabes que fue Tebandro,
de quien yo soy rama, tronco
tan conocido en la Escitia
como Jasón lo fue en Colcos.
De lo ilustre de su sangre
no hago mención, pues tú propio
sabes mejor lo que digo
que yo que estos ecos formo.
La abundancia de su hacienda
no quiero contar tampoco,
porque será perder tiempo
diciendo lo que es notorio.
No quiero de mi linaje
con figuras y con tropos
pintar la nobleza suya,
que antes será hacerla oprobio;

porque la propia alabanza
del que intenta hacer abono
de su sangre, es vituperio
del linaje más famoso.
Solo pretendo decirte
que el hallarme de este modo
con tu sobrina, fue causa
aquel rapaz que sin ojos
cazando en Chipre flechaba,
no el ligero y veloz corzo
que huyendo de la saeta
cristal busca en los arroyos,
sino las almas que libres
sabe avasallar brioso.
Y yo, que no soy de bronce,
sino de metal más bronco,
fui blanco en que el dios alado
tirase majestuoso.
Sentí la flecha amorosa
que del trato y de los ojos
de tu sobrina María
me tiró, que es poderoso
arpón el que en tiernos años,
sin ser de ébano y de oro,
se fabrica en alma joven
con amorosos retornos.
Nacimos los dos a un tiempo,
y al paso que iba en nosotros
creciendo el cuerpo, crecía
el amor del mismo modo;
que amor que en niñeces nace,
y crece sin que haya estorbos
de ausencia o de poco trato,
romperle es dificultoso.

En mí creció de tal suerte
que ya llegan los pimpollos
a tocar, aunque atrevidos,
el techo del matrimonio.
Verdad es también que nunca
tuve pensamiento aborto
de poca fe y falso trato
contra tu propio decoro;
porque cuando mis intentos
quisieran hacer destrozo
en el honor de María,
fuera en defenderse toro
que en la palestra acosado
divide en menudos trozos,
ya que no al dueño, la capa
que le dejó entre sus hombros.
Herido yo de las puntas
de aqueste flechero heroico,
que aunque es ciego, como he dicho,
lo sujeta y rinde todo,
para lograr mi esperanza
me hizo amor animoso,
y vine a decirle agora
que me saque de este golfo,
de este oscuro laberinto,
de este peligroso escollo,
de este Caribdis confuso,
y de este piélago undoso.
Y para que en tal naufragio
no peligre el barco roto,
de mi acosada paciencia,
si merece ser su esposo
un hombre que desde niño
se está mirando en su rostro,

con las dos letras de un «sí»
me haga tan venturoso,
que siendo dueño sea esclavo,
que no será el serlo impropio
cuando adoro las estrellas
de su cristalino globo.
Con un «no» me ha respondido,
que a no llevar el rebozo
de tu gusto, su respuesta
sin duda me hiciera loco;
pues dice que si tú gustas
de su parte no habrá estorbo;
y así vengo a suplicarte
—si supiste cuando mozo
de este accidente la furia,
y que es amor rayo indómito,
que donde hay más resistencia
hace mayores destrozos—
que consideres mis males,
que atiendas mis sollozos,
que te muevan mis suspiros,
y entre tierno y amoroso,
ya que incitarte no puede
de mi nobleza el abono,
de mi progenie la pompa,
de mi linaje lo heroico,
de mi hacienda el mucho fausto
y de mi renta el tesoro,
que para lo que merece
tu sobrina todo es poco,
el verme amoroso amante,
que es en esta parte el todo,
te incite, te obligue y te mueva,
mostrándote generoso,

a darme el «sí» que te pido,
pues en él estriba solo,
entre mis congojas grandes,
la gloria de ser dichoso.

Artemio   Noble Alejandro, tu amoroso empleo
le tengo por granjeo;
que aunque de mi sobrina
es la hermosura rara y peregrina,
cuyo rostro perfecto y acabado
sirve de espejo al campo matizado,
y entre linajes buenos
es el suyo no el menos,
del tuyo la nobleza
puede honrar una alteza,
pues solo el Sol, para que el mundo asombre,
es digno coronista de su nombre.
De mi parte, Alejandro, cierto tienes
el «sí» que me previenes;
pero Abrahán, mi hermano,
tan bizarro y galán como lozano,
porque de este suceso no se ofenda,
es menester que nuestro intento entienda;
y sin duda ninguna
tendrás buena fortuna,
pues hoy también se casa,
y da lustre a su casa,
cuando este casamiento se concluya,
juntando su nobleza con la tuya.
La dicha de los dos será colmada
mirándola casada,
y más siendo contigo.
Ven al punto si quieres ser testigo
del gusto que recibe con la nueva,

y adonde podrás ver que a quien la lleva
prometerá en albricias
lo mismo que codicias.
Vamos al punto, vamos,
que si mucho tardamos,
aunque después pretenda hacer descargo,
de dilatarle el gusto me hará cargo.

(Sale Lucrecia, alborotada.)

Lucrecia   Artemio noble, de mi esposo hermano,
si acaso el parentesco en algo tienes,
aunque el tiempo te tiene viejo y cano
sembrando plata en tus heroicas sienes,
al ocio que en ti habita da de mano,
y a mi llanto es razón que el curso enfrenes;
a reverdecer vuelve el joven brío
si es bastante a moverte el llanto mío.
Infeliz fue mi estrella, pues agora,
cuando pensé gozar el mayor gusto,
al esmaltar los campos el aurora
en lamento se trueca y en disgusto;
mira si con razón el alma llora,
mira si es bien me turbe aqueste susto,
y mira cómo puedo estar sin queja
si al umbral de mi dicha el bien me deja.
Todo estaba, cual sabes, prevenido
para que hoy nuestra boda se acabase,
y sin darle ocasión a mi querido
para que de mí, triste, se enfadase,
al despertar el alba, sin ruido,
porque nadie su intento le estorbase,
por no cumplir el «sí» que había dado,
sin casarme viuda me ha dejado.

Su criado me dice que va al monte
con ánimo de estarse retirado,
y antes de que más se aleje y se remonte,
si mis congojas pueden dar cuidado,
a que dejes ligero este horizonte,
ya que hacerlo no quieras por cuñado
por ser mujer siquiera, y sin reposo
te pido que busquemos a mi esposo.
   Muévante de mis ojos los raudales,
oblíguente las ansias con que vengo,
lastímente mis penas y mis males,
tu pecho incite la razón que tengo;
y si acaso no bastan los cristales
que a derramar llorando me prevengo,
enternézcate ver que en esta calma
se fue tu hermano y que me lleva el alma.

Artemio   Oye, hermosa Lucrecia, que ya sigo
el curso de tus pasos amorosos.
Vamos tras ellos, Alejandro amigo,
que no es bien que se muestren perezosos
los míos en tal caso.

Alejandro   Si te obliga
con mostrarse los míos cuidadosos,
verás que no son tardos en buscalle,
pues estriba mi dicha en alcanzalle.

(Vanse todos. Salen Leonato y Mardonio.)

Mardonio   Poco sosiegas en casa
aunque no estás descansado.

Leonato   Mal puede estar sosegado

un corazón que se abrasa.
   Seis meses he estado ausente.
¡Sabe Dios lo que he sentido!
Y así agora que he venido
templar quiero el accidente;
   porque es el mal del ausencia
más terrible que el de celos.

Mardonio   Nunca supe tus desvelos,
mas concédeme licencia
   de que pueda preguntarte
quién te causa tal dolor.

Leonato   Mardonio amigo, mi amor
—no tiene esto de espantarte—
   a Lucrecia dediqué,
y ha sido con tal pasión
que alma, vida y corazón
en un punto la entregué.
   Y quiérola de tal suerte
y con pasión tan crecida,
que el verla me da la vida
y el no verla me da muerte.

Mardonio   Aunque serán malas nuevas,
volverte a casa podrás,
que a Lucrecia no verás.

Leonato   ¿Por qué?

Mardonio   Porque no está en Tebas.

Leonato   ¿Qué dices?

Mardonio	Lo que has oído.
Leonato	¿Dónde está?
Mardonio	En Alejandría con gusto y con alegría se ha casado.
Leonato	Sin sentido esas nuevas me han dejado. ¿Es burla?
Mardonio	Verdad te trato.
Leonato	¿Es posible?
Mardonio	Sí, Leonato.
Leonato	Pues Lucrecia se ha casado y yo no la merecí, muera yo, que no es razón vivir, pues la posesión que esperé tener perdí. Y entre tan grave dolor de tan terribles enojos, salga el alma por los ojos. Máteme mi grande amor; que más lisonja será y tormento menos grave que amor de una vez acabe, que no imaginar que está en los brazos de otro dueño, de mil requiebros gozando, y yo muriendo y penando

sin que me repose el sueño;
porque estará la memoria
hecha verdugo cruel
apretándome el cordel
de mi pena y de su gloria.

Mardonio

Casi he llegado a pensar
que Lucrecia ingrata ha sido,
y que no ha correspondido
a tan verdadero amar.
Porque habiéndose gozado,
ingratitud viene a ser
olvidar una mujer
lo que ha sido su cuidado.
Mas también vengo a sacar
cuando estás tan sin reposo,
que el agraviado es su esposo,
y que es quien se ha de quejar.
De ti no, porque en efeto,
cuando tal gloria tuviste,
su decoro no ofendiste
ni le perdiste el respeto.
De ella sí, porque ella fue
la que le ofendió en rigor,
pues fingió estar sin amor
y estaba en otro su fe.

Leonato

No trates de esa manera
su honestidad recatada,
que siempre fue más honrada
de aquello que yo quisiera.
Mas entre tantos rigores
con que siempre me trataba,
tener con todo esperaba

el premio de mis amores.
    Pero ya casada agora,
muerta queda mi esperanza;
y así en tal desconfianza
el alma suspira y llora.

Mardonio   Mas con todo... ¿Dónde vas?

Leonato   Quiero, Mardonio, partir
(Hace que se va.) a Alejandría a morir.

Mardonio   ¡Tente, aguarda, loco estás!

Leonato   No es mucho que loco esté,
                  cuando permite el Amor
                  que me trate con rigor
                  una mujer que adoré.

(Vanse los dos. Sale Abrahán, de ermitaño.)

Abrahán   ¡Qué dichoso a ser viene aquél que huye
                  del Babilón tumulto de la gente,
                  donde en la soledad está patente
                  lo que confunde el alma y la destruye!
                     Aquí el león rugiente sí que arguye
                  para quien no le entiende agudamente,
                  mas como siempre arguye falsamente,
                  con pocos entimemas se concluye.
                     Retiréme del mundo y su locura,
                  que aunque es cosa muy santa el matrimonio,
                  de Lucrecia temí la hermosura;
                     y el desierto me da por testimonio,
                  que el huír la ocasión es piedra dura
                  para quebrar los ojos al demonio.

(Salen Artemio, María y Alejandro, y Abrahán se esconde.)

Artemio
Suceso infeliz ha sido,
el de Abrahán y Lucrecia,
pues sin ocasión precisa
el uno de otro se ausenta.
Él se pierde por dejarla,
por tenerle se pierde ella,
y entre tantas confusiones
no hay quien de ninguno sepa.
Ya que Abrahán se ha ocultado,
a Lucrecia hallar quisiera,
que como corcilla herida
se ha perdido entre las breñas.

Alejandro
Todo ha sido por mi daño,
que mi poca suerte ordena,
por no darme gusto en nada,
que el mal de todos padezca.

María
Dale voces a mi tío,
que puede ser que te entienda
y te responda.

Artemio
Bien dices.
Quiero hacer lo que me ordenas.
¡Abrahán! Querido hermano,
escucha mis voces tiernas
y respóndeme. ¡Abrahán!

(Sale Abrahán.)

Abrahán
Entre estas cóncavas piedras

de mi propio nombre escucho
los ecos; no sé quién pueda
formarlos entre estos riscos
y en esta inculta maleza,
si no es acaso a Pantoja,
que fue a buscar unas hierbas,
algo le haya sucedido.

Artemio   ¡Abrahán!

Abrahán   ¿Quién me vocea?

Artemio   Yo soy, hermano querido,
quien te llama y quien te ruega
que dejes designios tales.
Considera que a Lucrecia
haces agravio en dejarla.
¡Abrahán! ¿Qué has visto en ella
para dejarla burlada?
¿Es liviana? ¿Es deshonesta?
¿Es de linaje villano?
¿No ordenaste que de Tebas
la trujesen para ser
tu esposa? ¿Cómo te ausentas
de sus ojos? ¿Cómo agora
en tal confusión la dejas?
¿No echas de ver que la agravias?
¿No adviertes que haces ofensa
a su linaje? ¿No miras
que das ocasión que entiendan
los nobles de Alejandría
que has visto alguna flaqueza
en su opinión? Vuelve, vuelve
tus pasos atrás. Recuerda

del letargo que te oprime,
de la pasión que te ciega,
del furor que te combate,
de la intención que te lleva.
No permitas que tu esposa
por dejarla tú se pierda.
Considera que su honra
corre, Abrahán, por tu cuenta,
y que a ti mismo te agravias
dejándola así; no seas
ocasión de su ruina,
pues como acosada cierva,
sin reparar ser mujer,
sin mirar sus pocas fuerzas
y olvidando sus regalos,
cuando derramaba perlas
el alba, bordando montes
con jazmines y violetas,
ella derramando aljófar,
desperdiciando azucenas,
destroncando maravillas
y lastimando la esfera
con suspiros, sola y triste,
se partió de mi presencia
a buscarte, y aunque luego
partí corriendo tras ella,
no ha sido posible hallarla,
ni habemos visto quien sepa
decirnos de su persona.
¡Ea, Abrahán, no seas fiera!
Vamos a buscarla todos,
sus lágrimas te enternezcan
y las mías, que a mis ojos
obligan a que las viertan.

A esto ha sido mi venida.
Vamos antes que en la selva
se embosque y no la hallemos,
adonde de su belleza
se marchite la hermosura
y se eclipsen las estrellas.
Y porque después de hallarla,
para que más gusto tengas,
entregues a tu sobrina
a Alejandro, cuyas prendas
no ignoras, pues te es notorio
que ella gana en que él la quiera.

María

De mi tío haz los ruegos,
pues es razón que te mueva
de Lucrecia el desconsuelo,
que está sola en tierra ajena.

Alejandro

Rompe tantas suspensiones,
el paso mueve y la lengua,
que nunca permite espacio
ocasión de tanta priesa.

Abrahán

A los cargos que me has hecho
dar satisfacción es fuerza,
y aunque será brevemente,
oye, Artemio, la respuesta:
De Lucrecia no me ausento
por decir que es desenvuelta,
ni por liviandades suyas,
ni porque haya hecho ofensa
a mi honor y a su recato,
sino porque su belleza
me hizo temer escuchando

de Pablo aquella sentencia
—digno del ingenio suyo—
que dice que quien se entrega
a los brazos de la esposa
las hebras de sus madejas
sirven de cadenas fuertes,
en que si una vez se enreda
con las dos letras de un «sí»,
es imposible romperlas
hasta que llega la muerte
con la guadaña y la siega,
dividiendo el uno de otro;
y es tan inmensa la fuerza
del amor del matrimonio
y del cuidar de la hacienda,
del sustento de los hijos
y de otras cosas, que veda
el acordarse de Dios
a veces. Ésta es mi tema.
Por esto al desierto vengo,
por esto dejo a Lucrecia,
por esto visto este saco;
que más quiero en la aspereza
vivir en trabajos muchos
esperando que en la excelsa
cumbre del monte Horeb
el premio de gloria tenga,
que gozar en la otra vida
por un gusto mil miserias.
En lo que toca a casarse
María, sea norabuena.
Contradecirlo no quiero
ni aprobarlo, ella lo vea.
En eso haga su gusto,

pero repare y advierta
que hay terribles ocasiones
en que padece tormenta
el alma, y se ve acosada
la nave de la paciencia.
Aquesto solo me obliga
a poner en medio tierra
y a la soledad venirme,
donde el alma se recrea.
Si algún bien quieres hacerme,
hermano, busca a Lucrecia,
y dila que su hermosura
me da miedo, que no sienta
el dejarla de esta suerte,
porque me anima y es fuerza
el servir a Dios, y temo,
después de aquesta carrera,
tener por ligeras glorias
siglos de penas eternas.

(Vase Abrahán.)

Artemio   ¡Aguárdame, hermano, escucha!
                 Que a resolución tan buena
                 no es razón contradecirla.

(Vase Artemio.)

María   ¡Alejandro, a Dios te queda!
                 Que ya no quiero casarme
                 que han tocado a mis orejas
                 las razones de mi tío,
                 y quiero en esta aspereza
                 servir a Dios. No te canses

porque ya el alma me llevan
diferentes pensamiento.

(Vase María.)

Alejandro

¡Amor! ¿Qué desdicha es ésta?
Hermosísima María,
de estos montes primavera,
abril de estos horizontes,
oye, escucha, aguarda, espera.
¡No te vayas! Mas ya en balde
el alma se aflige y queja,
que como veloz paloma
tras Abrahán va ligera.
Mas ¿cómo si soy amante
no la sigo? Voy tras ella,
que a pesar de mi fortuna
he de gozar su belleza.

(Vase Alejandro.)

Fin de la primera jornada

Jornada segunda

(Sale Pantoja, de ermitaño, que trae unas hierbas y pan en una cesta.)

Pantoja   Deo gracias, padre Abrahán,
ya están cogidas las hierbas,
que son las dulces conservas
que en este desierto están.
    Gastado los dedos tengo
de arar aquestas riberas,
pero ya no hay acederas
en los campos donde vengo.
    Penas se vuelven las glorias
que el desierto nos ha dado,
pues la simiente ha faltado
de acelgas y de achicorias.
    Y si va a decir verdad,
tomara yo una pechuga
mejor que no una lechuga
en esta necesidad.
    Mas para mayor congoja,
según soy de desdichado,
en tan infeliz estado
lo vendrá a pagar Pantoja.
    Para engañar este pan
estas hierbas he cogido,
que son el mejor condido
que en esta cocina dan.
    Miren la miseria suma
de mi dichoso suceso,
pues sirve el troncho de hueso
y la hoja sirve de pluma.
    La carne no hay que buscalla,
porque aquí la mejor polla

viene a ser una cebolla,
y ésta es menester hurtalla.
    Pues vino no hay que tratar,
porque aquí sirve de vino
un arroyo cristalino
que hace a las tripas guerrear.
    Pantoja, no hay que quejarte,
come las hierbas y el pan,
porque si viene Abrahán
no te cabrá tanta parte.
    Digo que tomo el consejo,
pues es del mal lo menor,
si bien tomara mejor
un trago de vino añejo.
    Mas cuando no tengo lomo,
suele decir el refrán,
si longaniza me dan,
con longaniza el pan como.
    Y así habré agora de hacer,
porque hallo que es peor
y más crecido dolor
tener hambre y no comer.

(Siéntase Pantoja a comer. Sale Abrahán por el monte, con cabellera larga y negra.)

Abrahán   Las puntas de aquestos riscos,
que sirven de almenas altas,
en que las aves nocturnas
a su criador le dan gracias;
los levantados pimpollos
de las sabinas copadas
en que del rigor del tiempo
el jilguerillo se escapa;

las frescas y amenas sombras
de las siempre verdes hayas,
en que del calor del Sol
el pasajero se ampara;
los tomillos y cantuesos,
entre cuyas secas ramas
el conejuelo se abriga
contra la nieve y la escarcha;
la tórtola que se arrulla
y con sus lamentos canta
lo dulce de sus amores
que la entretiene y regala;
el ruiseñor vocinglero,
que cuando despierta el alba
dice al mundo su venida
con mil pasos de garganta;
el plateado pececillo,
que en las fugitivas aguas
forma alegre escaramuza,
siendo de viento sus alas;
están enseñando al hombre
que naturaleza humana
solo para su sustento
fabricó cosas tan varias.
Y a mí entre aquestos peñascos,
el ruiseñor, la calandria,
el jilguerillo, el conejo
y el pez en campo de plata,
   me enseñan a dar gracias
al que hizo la esfera tachonada,
pues por el hombre solo
formó lo que hay de un polo al otro polo.

Pantoja   Abrahán viene embebecido,

47

con la memoria ocupada
en considerar las peñas,
los álamos y las palmas;
y yo también me divierto
después de llenar la panza,
séase de lo que fuere,
en qué comeré mañana.
La carne no me da pena
porque ya están enseñadas
mis tripas a comer verde,
como borrico que sangran
por mayo para que engorde
hartándole de cebada.
Solo siento que en el campo
se acaben las zarandajas
de la silvestre lechuga,
de la acedera gallarda,
del rapóntico sabroso
y de la achicoria amarga.
Porque en efecto estas hierbas,
aunque de poca sustancia,
son de ermitaños hambrientos
el perejil y la salsa.
    Y después que mi panza
se satisface de estas zarandajas,
por no mostrarme ingrato,
le doy al cuerpo un sueño de barato.

Abrahán

    Conozco, Señor divino,
que a mi tosca lengua faltan
himnos con que engrandeceros,
con que os alabe palabras,
con que os regale ternezas,
con que os enamore gracias,

con que os agrade suspiros;
pero recibid mis ansias,
no despreciéis mis deseos,
que si aquestos tienen paga
en vuestra sacra presencia,
los que están en mis entrañas
son grandes; bien reconozco
que de mis culpas la carga
muchos infiernos merece
y es digna de eternas llamas.
Pero no, Señor inmenso,
que bien sé que a quien os llama,
aunque más pecador sea,
no le negáis vuestra gracia.
Y así, Pastor soberano,
haced de vuestra manada
este humilde esclavo vuestro,
y admitid en vuestra casa
a mi sobrina María,
y libradla de las garras
del lobo, que ya furioso
pretende despedazarla.

(Ha ido bajándose.)   A su celda llegar quiero
y ver en qué está ocupada.
¡Pantoja! ¿Qué estás haciendo?

Pantoja (Aparte.)   (¡Descubrióse la maraña!)

Abrahán   ¿No me respondes, Pantoja?
¿Qué haces?

Pantoja   Padre, esperaba
algún socorro del cielo.

Abrahán	¿Y las hierbas?
Pantoja	No hay hallarlas, aunque por dos achicorias se dé un ojo de la cara.
Abrahán	¿Estos tronchos de qué son?
Pantoja	Cogí tres o cuatro matas, parecióme no ser buenas, y por ver si eran amargas las probé, y como eran pocas el gusto no las hallaba.
Abrahán	[No debes de responderme;] ya conozco tus entrañas, Pantoja.
Pantoja	Padre Abrahán...
Abrahán	Tus intentos se declaran; ya sé que siempre procuras que se remedie tu falta y que perezcan los otros.
Pantoja	No se espante, que mis ganas, aunque son pocas, son buenas. Y como más cerca se halla la camisa que no el sayo...
Abrahán	Bueno está, Pantoja. ¡Basta! La caridad se conoce.
Pantoja	Aunque las uñas gastadas

50

tengo de cavar la tierra,
me parto al punto a buscarlas,
para que comáis los dos.

Abrahán   Oye, escucha, no te vayas.
¿Sabes qué hace mi sobrina?

Pantoja   Ella siempre está ocupada
en su celda o su retrete
en contemplaciones santas.

Abrahán   Envidiarla puede el mundo.

Pantoja   Nunca ha visto la Tebaida
en años tan delicados
virtud y abstinencia tanta.

(Suena música.)

Abrahán   Parece que está cantando.

Pantoja   Yo sé bien que no cantara
si hambre como yo tuviera;
mas dicen que canta Marta
bien después de haber comido.

Abrahán   Escuchemos lo que canta.

(María canta dentro lo que sigue.)

María   «In te Domine speravi non
confundar in aeternum.»

Pantoja   ¿Qué quiere decir aquello?

51

Abrahán	Que el que pone su esperanza
	en Dios, no será rendido
	de los trabucos y balas
	del enemigo rugiente,
	que para rendir el alma
	debajo de varias formas
	con cautela se disfraza.

(Canta.)

María	«Bonum est sperare en Domino
	quam sperare in principibus.»

Abrahán	Bueno es esperar en Dios,
	dice agora, que se engaña
	el que favores espera
	de los reyes y monarcas.
	Que esperanzas de los hombre
	son de tan poca importancia,
	que el que piensa estar medrado
	más desmedrado se halla.

Pantoja	Bueno es eso, pero déme
	licencia para que vaya
	a buscar algunas hierbas
	para que coma la hermana
	María y todos comamos.

Abrahán	En buen hora ve a buscarlas,
	pero lo que agora hiciste
	has de advertir que no hagas
	otra vez.

Pantoja	Yo le prometo

52

de no comer una rama,
si no es que acaso la hambre
me hace quebrar la palabra.

(Vase Pantoja. Pónese Abrahán en oración y sale el Demonio, de pasajero.)

Demonio   Entre las grutas de estas altas peñas
guerra me hace el cristalino cielo,
adonde es la palestra opacas breñas,
y adonde yo con ansia y con desvelo
de mi pesar intento hacer reseñas;
si bien no me asegura mi recelo
que vencedor saldré de esta batalla,
pero con todo quiero presentalla.
    Aquí quiero fingir que derrotado,
del tropel de mi gente me he perdido,
y que en todo este monte no he hallado
quien pueda consolar un afligido;
que con esta cautela que he pensado
y con este disfraz de mi vestido,
para dar mayor lustre a aquesta historia,
de aquestos dos vendré a tener victoria.

Abrahán   ¡Dulce Jesús! que en un madero, infame
hasta que tú le diste honor y precio,
tu sangre permitiste se derrame
con algazara, grita y menosprecio;
donde estás aguardando que te llame
el que te ofende, masageta necio;
recibe, gran Señor, del alma mía
los himnos y alabanzas que te envía.

Demonio   Agora que con Dios está embebido,
porque de su coloquio se divierta,

quiero dar voces y hacer algún ruido;
quede frustrada su esperanza cierta
de aquello que su intento ha pretendido;
ciérrese con mi traza aquesta puerta,
que si se cierra y abro otro portillo
a mi poder se rendirá el castillo.

[En voz alta.]   ¿Hay por ventura entre esta inculta brena
quien movido de lástima me enseñe,
sacándome de un risco y otra peña,
el camino que obliga me despeñe?
¡Hola, pastores, dadme alguna seña,
vuestra nota piedad no se desdeñe
de poner en camino conocido
al que por no saberle le ha perdido!

(Levántase.)

Abrahán   Voces oigo, sin duda son de gente
que por las sendas de esta inculta sierra
ha perdido el camino diligente;
que como no se habita aquesta tierra,
y su cumbre es altiva y eminente,
al diestro pasajero le hace guerra;
y pues es caridad, quiero piadoso
sacarle de este trance riguroso.
        ¿Quién es el que vocea?

Demonio   En este monte
he perdido el camino, que siguiendo
una mujer que imita otra Faetonte,
viene buscando un hombre que va huyendo
los rayos de su Sol; que Laomedonte
quise ser de su honor, y agora emprendo

buscar por vario modo y peregrino
a la mujer perdida y el camino,
   y antes que me le enseñes...

Abrahán   ¿Qué preguntas?

Demonio   Que me digas si acaso entre estas breñas
y entre estos riscos de cerúleas puntas
una mujer has visto, cuyas señas
la belleza del alba tiene juntas
cuando derrama aljófar entre peñas,
y es tanta su belleza y hermosura,
que es al alba con ella noche oscura.

Abrahán   Después que entre estos riscos y peñascos
hice palacio de sus pobres grutas
y bóvedas cimbriadas de sus cascos,
comiendo alegre sus silvestres frutas,
sin que las sabandijas me den ascos
ni alteración me causen fieras brutas,
en el valle apacible ni entre peñas
nunca he visto mujer con esas señas.
   ¿Pero qué te ha movido y obligado
a venir a buscarla de esa suerte,
y dejando el bullicio en despoblado
ponerte a riesgo de una fiera muerte?

Demonio   Ya que la causa de esto has preguntado
y el referirla tengo a buena suerte,
dame para contarla atento oído
y sabrás la ocasión que me ha movido.
   Yo soy, para no cansarte,
del Señor más poderoso,
que entre brillantes doseles

tiene levantado solio,
hechura, y en tanto grado
me aventajo de los otros
privados suyos, que siendo
príncipe majestuoso
en lo galán y arrogante,
en lo bizarro y airoso,
solo me faltaba entonces
sentarme en su regio trono.
Y aunque viéndome en la cumbre
de la privanza, el abono
de mi grandeza pudiera
con aliento generoso
levantarme a su real silla,
sin que me hicieran estorbo
los soldados que a su guarda
asisten en varios coros,
no lo pretendí hasta tanto
que un secreto misterioso
me reveló, siendo el caso
tan ajeno y tan remoto
de su grandeza, que quiso
por extraordinario modo,
levantar un hombre humilde,
siendo formado de polvo
de la tierra, a ser su imagen,
y ponerle en tanto toldo
que a pesar de los más nobles
fuese superior a todos.
Mas yo que de mi progenie
era supremo pimpollo,
y estaba patente y claro
el agravio de mi tronco,
porque no tuviese efecto

lo que intentaba, convoco
los que de mi parte pude,
tocando el clarín sonoro
de este agravio y de esta ofensa;
y como si fuera aborto,
rayo de preñada nube
que, cuando el austro y el noto
en su esfera se combaten,
despide entre truenos sordos
centellas que abrasan montes,
rayos que desgajan olmos,
y relámpagos que privan
de su potencia a los ojos,
entre envidioso y soberbio,
si no es que lo tuve todo,
quise sentarme a su lado,
y vine a verme en tal colmo
que lo hiciera, si en alférez,
no hay que negarlo, brioso
más que ninguno de aquellos
que asisten a su contorno,
no me quitara la silla
en que pretendí, hombro a hombro,
sentarme al lado del Rey.
¿Pero no has visto un arroyo
que entre junquillo y trébol
va caminando a lo sordo,
y después en un peñasco
topa, cuyo pie es tan hondo
que para hacer de pasarle
es menester que furioso,
porque halla resistencia,
se despeñe como loco,
y el que era cristal entero

se convierte en abalorio?
Así yo, que antes corría
manso, apacible y sonoro,
con aquesta resistencia,
aunque era joven, que el bozo
me apuntaba entonces, di
tal caída, que mi rostro
quedó feo y denegrido
con ser cándido y hermoso.
Quitóme la silla al fin
el que digo, y con enojo
a mis intentos se opuso,
siendo suficiente él solo
para resistirme a mí
y a los que fueron notorios
secuaces míos; y el Rey
mandó que en un calabozo
me aprisionasen, después
que el delito criminoso
se fulminó, decretando
que en privación de su rostro
me condena para siempre;
y con riguroso modo
desterrado de su reino
me partí a reinos remotos.
Llegué desterrado, al fin,
al reino de Monicongo,
adonde me recibieron
con rosas y cinamomos.
Desde allí pasé a Cambaya,
a la tierra de Geylolo,
a Nirsinga y Gizarate,
donde me ofrecieron oro,
perlas, diamantes, jacintos,

cornerinas y crisólitos;
y anduve tantas provincias,
que los más diestros cosmógrafos
se cansaran de contarte
las columnas, los cimborrios,
los obeliscos, las torres,
los arcos y mauseolos
que en mi nombre levantaron.
Mas porque no es a propósito
el contarte aquestas cosas,
quiero en términos más cortos
decirte que llegué a Tebas,
adonde miré unos ojos
de la más rara hermosura
que se halla de polo a polo.
Y como el vendado dios
no respeta regios tronos
más que las chozas pajizas,
sino que los trata a todos
de una misma suerte, a mí,
sin tirar balas de plomo,
me rindió de tal manera
que quedé perdido y loco.
Enamoréme, en efeto,
y cuando estaba en el golfo
de mi pretensión mayor,
pensando ser el dichoso
que sus ojos mereciese,
la boda se hizo con otro.
Fuese de Tebas, y yo,
enamorado y celoso,
partí tras ella; mas cuando
llegué a ver los promontorios
de la ilustre Alejandría,

que de esta tierra era el novio,
supe que ya no gustaba
sujetarse al matrimonio,
y retirándose al monte,
con infamia y con oprobio
de su linaje, dejó
los más que brillantes globos
de azabache, con su ausencia,
entre sirtes y entre escollos
de murmuradoras lenguas,
con capuces melancólicos;
y como el aurora entonces
quería esparcir el oro,
los aljófares y perlas
de su opimos tesoros,
cobarde detuve el paso
por ver que en montes y sotos
la novia, airosa y bizarra,
perlas llevaba en los ojos,
oro en su terso cabello,
rayos de luz en su rostro,
en sus pies alas veloces,
en su movimiento asombros,
en sus labios tristes quejas,
en sus acciones abono,
porque con esta presteza
iba a buscar a su esposo.
Y yo que supe el suceso,
como fugitivo corzo
que herido de la saeta
del cazador cauteloso,
por buscar el cristal puro,
con grita y con alboroto
ya trepa los altos riscos,

ya desgaja frescos chopos,
ya deshace verdes flores,
y ya destronca madroños,
vengo sin alma y sin vida
a ver si acaso en los hondos
nichos de estas pardas peñas
hallo, siendo venturoso,
el Sol de estos horizontes,
de estos montes el Apolo,
el aurora de estos valles,
y el alba de aquestos sotos.

Abrahán (Aparte.) (La relación de esta historia
me ha dejado tan absorto,
que me ha sacado de mí,
porque si bien la conozco,
es de mi vida el suceso,
de Lucrecia los oprobios,
de mi amor la ingratitud.
Pero, ¿qué es aquesto? ¿Cómo
doy lugar al pensamiento
que en sucesos amorosos
se ocupe? ¡Tirad la rienda,
razón superior! Corcovos
no dé el caballo apetito,
que si camina brioso
dará con la carga en tierra.)

Demonio (Aparte.) (En confusiones le pongo,
y aquesto solo pretendo.)

Abrahán (Aparte.) (No hay que hacerle licencioso,
que si se toma licencia
es tan carnicero lobo

que sin reparar en nada
da con el alma en el lodo.
Vamos, caballo, a la cueva,
que allí de vuestros antojos
ha de ser la disciplina
el médico poderoso.)

(Hace que se va.)

Demonio   ¿Dónde vas sin responderme?

Abrahán   Con no responder respondo,
                  que aquesa mujer no he visto.

Demonio   Pues, ¿por qué te vas?

Abrahán   Conozco
                  en la relación que has hecho
                  y en el embuste notorio,
                  que eres aquel enemigo
                  que procura el mal de todos;
                  y conversaciones tales
                  son tratos muy peligrosos,
                  y me está bien no hablar de eso.

(Dentro.)

Lucrecia   ¡Favor, cielos!

Abrahán   Voces oigo,
                  y en la voz mujer parece.

Lucrecia   Detén el colmillo corvo,
                  monstruo fiero.

Demonio (Aparte.)   (Ésta es Lucrecia.
                           Sin duda aquí le provoco
                           a que deje los peñascos,
                           y otra vez se vuelva al golfo
                           del mar, en que ha de perderse
                           con amores y negocios.)

Abrahán   Terrible ocasión es ésta.
                           Yo me voy.

Demonio   Aguarda un poco.

Lucrecia   ¡Favor me dad, cielo santo,
                           pues me lo niega mi esposo!

(Baja Lucrecia por un monte abajo rodando, ensangrentado el rostro, y cae a los pies de Abrahán, como muerta.)

Abrahán   ¿Qué es esto, divinos cielos?

Demonio   Funesto caso.

Abrahán   Espantoso.

(Llega el Demonio a ella.)

Demonio   Infelice fue mi estrella,
                           pues se ha vuelto en clavel rojo
                           y en lilio morado y triste
                           el cándido cinamomo
                           de la beldad que buscaba.
                           Parte corriendo a un arroyo,
                           y del cristal fugitivo

trae en tus búcaros toscos
alguna parte con priesa,
a ver si de aqueste asombro
vuelve en sí.

(Hace Abrahán que se va.)

                                        Pero no vayas,
aguarda, sustenta un poco
este pedazo de nieve,
que yo iré más presuroso,
que al fin como más me importa,
iré como herido corzo.

(Vase el Demonio.)

Abrahán   Ya tus intentos penetro,
ya tus maldades conozco,
mas con el favor de Dios
he de salir victorioso.

(Abrahán la tiene entre los brazos.)

Abrahán   Ésta que tengo en mis brazos
es Lucrecia, triste suerte,
y vengo a ofrecerla en muerte
los que en vida negué abrazos.
    En su muerte soy culpado,
que si yo no la dejara,
nunca la Fortuna avara
la pusiera en tal estado.
    Sin duda no estuve en mí,
pues debiendo venerarla,
mujer no supe estimarla,

y cuando cadáver sí.

   Conozco que ingrato he sido,
mas no es mucho que lo fuese,
temiendo que me impidiese
el cuidado de marido.

   Subiré a los altos montes
de la ciudad soberana,
adonde la vista humana
mira sacros horizontes,

   contemplando al Hacedor
de aquesta máquina bella;
mas no estimar esta estrella
fue desprecio y fue rigor.

   Dejarla aquí no es cordura,
antes viene a ser crueldad,
y es género de impiedad
el no darla sepultura.

   Pues, ¿qué he de hacer? Animarme,
y ya que no fui su esposo,
Tobías seré piadoso.
El cadáver quiero echarme

   a cuestas, que esta ocasión
no es ocasión de temer
pues ya ha trocado su ser
en ángel de otra región.

   A llanto provoca el verte,
pero el llanto no me impida,
que si fui Vireno en vida
soy Eneas en la muerte.

Lucrecia	¡Ay de mí!
Abrahán	Ya vuelve en sí.

Ésta es mayor confusión,

que aprieta más la ocasión;
que si muerta la temí
   viviendo es más de temer,
que es cosa dificultosa
pelear con mujer hermosa
y no dejarse vencer.

   Y ya parece que el alma
siente no sé qué de amor;
tente, apetito traidor,
no pretendas llevar palma
   de mí, que si me combates
con tus piezas de batir,
para vencer el huír
son agudos acicates.

Lucrecia   ¿Quién eres tú que entre piedras
adornadas de rigor
me has hecho aqueste favor
donde tus brazos de hiedras
   han servido? No te ausentes,
y ya que fuiste piadoso,
no te muestres riguroso
dejándome entre serpientes,
   entre tigres y panteras
cuya espada de marfil
marchitará de mi abril
las floridas primaveras.
   Considera que tu traje
publicando está piedad.
No conviertas de crueldad
lo piadoso del ropaje.
   Merezca por ser mujer,
sola, triste y afligida,
de este monte la salida.

Fácil es esto de hacer,
  y pues sabes el camino,
ponme en él, que es escabroso
el monte, y busco a mi esposo
que anda por él peregrino;
  que si le hallo, aunque es ingrato
conmigo, será tu amigo.

Abrahán   Temo perderme contigo.

Lucrecia   ¿Por qué temes?

Abrahán   Porque el trato
  de una mujer suele hacer
que se destruyan ciudades,
y temo en estas soledades
lo que puede suceder.
  Yo soy hombre, tú eres bella
—lo que digo no te asombre—
y en la ocasión el más hombre
no sabe escaparse de ella.
  Y así, encomiéndate a Dios,
que yo no me fío de mí,
porque si una vez huí
no estoy cierto hacerlo dos.

Lucrecia   ¿De quién una vez huíste?

Abrahán   De mi esposa.

Lucrecia   ¿De tu esposa?

Abrahán   Sí.

Lucrecia	¿Por qué?
Abrahán	Porque era hermosa.
Lucrecia	¿Por hermosa la temiste?
Abrahán	Sí, que una rara hermosura hace de Dios olvidarse, y es mejor aprisionarse que verse en tal desventura.
Lucrecia	Pues si estabas ya casado, ¿cómo pudiste dejarla?
Abrahán	La palabra llegué a darla, pero no fue consumado el matrimonio, y así fue mi sagrado el retiro.
Lucrecia	De tus razones me admiro.
Abrahán	Y yo de mirarte a ti.
Lucrecia	¿Quién eres?
Abrahán	Saber no quieras en esta ocasión quién soy, pero un consejo te doy, y es que en estas cordilleras, ni en este monte fragoso, no gastes noches y días, porque entre estas piedras frías no hallarás a tu esposo; y aunque le halles será en vano

68

el camino que has traído;
y así busca otro marido
que te dé palabra y mano,
   que el que una vez te dejó
no te admitirá otra vez,
porque el soberano Juez
este pleito fulminó
   y así ha dado por sentencia
que a cumplir no está obligado
la palabra que te ha dado.

Lucrecia   ¿Conócesle?

Abrahán   En tu presencia
            le tienes.

Lucrecia   ¡Dueño y señor!

(Va a abrazarle.)

Abrahán   ¡Detén los brazos, Lucrecia!

Lucrecia   ¿Por qué tu rigor desprecia
la firmeza de mi amor?

Abrahán   No es despreciarla.

Lucrecia   ¿Pues qué?

Abrahán   Recelos de ser vencido;
y así, Lucrecia, te pido...

Lucrecia   No pidas, que no lo haré,
   como no sea asistir

a tu lado.

Abrahán

¡Aquesto no!

Lucrecia

Señor, ¿en qué te ofendió
la que te desea servir,
la que te estima y adora,
y quien por buscarte a ti
se ha enajenado de sí?

Abrahán

Reprime el llanto, señora.
No derrames tantas perlas
de las conchas de tus ojos
si no quieres darme enojos,
que si me humano a cogerlas,
aquel dios que pintan ciego
tiene tan grande poder,
que con cristal sabe hacer
terribles montes de fuego.
Y por no quemarme en ellos
tus perlas coger no quiero,
por no verme prisionero
de tus perlas y cabellos.
Que llanto y cabellos son,
en los que se quieren bien
—no condenes mi desdén—
estrechísima prisión.
Y ya que libre me veo
por un soberano instinto,
volver a tal laberinto
no lo tengo por granjeo.
Y así, vuélvete, Lucrecia,
a Tebas o Alejandría,
pues ves que mi compañía

por la de Dios te desprecia.
  Y pues escuchando estás
que es forzoso el ausentarme,
no te canses en buscarme
porque ya no me hallarás.

(Vase Abrahán.)

Lucrecia   ¡Aguarda, amado esposo,
no te ausentes ingrato y riguroso!
¡Merezcan mis amores,
por ser mujer siquiera tus favores!
Mas, ¡ay de mí!, que vuela
y por dejarme, ¡ay triste!, se desvela.
Peñascos y altos riscos,
servid de basiliscos,
detened a mi dueño,
pues veis me deja, ¡ay Dios!, en tanto empeño.
Serranos labradores,
acudid a mis quejas y dolores,
mirad que en tantos males
se convierten mis ojos en cristales.
¿Mas cómo si amor tengo
en suspiros y quejas me detengo?
Que si el alma se queja
la causa de quejarse más se aleja.
Gallardo pensamiento,
que coturnos de viento
te calzas y te vistes,
no te detengas en discursos tristes,
volemos tras mi esposo
que se trasmonta ingrato y presuroso,
que Amor para seguirle
alas me prestará de sirte en sirte;

y cuando el duro trance
no me permita, ¡ay triste!, que le alcance,
en mi corta ventura
me dará aqueste monte sepultura.

(Vase Lucrecia. Sale María, vestida de un saco, y un libro en la mano.)

María   Tres veces a bañarse
                               en el piélago undoso
                               ha llevado el planeta a sus caballos;
                               y agora a tramontarse
                               vuelve tan presuroso
                               que parece que quiere despeñallos;
                               y si yo refrenallos
                               con mandarlo pudiera,
                               con imperio lo hiciera;
                               porque Abrahán, mi tío,
                               ha mostrado en no verme gran desvarío,
                               pues tres días ha estado
                               sin que a darme lección haya llegado.
                                 Mas culparle no quiero,
                               que pues él no ha venido,
                               sin duda le ocupan importantes
                               negocios, y ya infiero
                               que le habrán detenido
                               algunos pasajeros caminantes;
                               pero quisiera antes
                               que el Sol se tramontara
                               que a mi cueva llegara.
(Ruido dentro.)   Mas aqueste ruido
                               ya sin duda me dice que ha venido.

(Dentro.)

Demonio	Entra, no estés cobarde, y del fuego en que penas haz alarde.

(Salta Alejandro por una ventana y alborótase María.)

María	¿Qué es esto que estoy mirando? ¡Hombre! ¿Qué has hecho?

Alejandro   Sosiega

el pecho, señora mía,
serénense las estrellas
de tus ojos; no te turbes,
que no he venido a que viertas
entre deshojadas rosas
a un tiempo nácar y perlas;
que solo vengo a pedirte
que tengas de mí clemencia,
que te humanen mis pesares,
que te lastimen mis penas,
que te ablanden mis suspiros
y mis ansias te enternezcan;
que si no me favoreces
en ocasión tan estrecha,
verás de mi triste vida
a tus plantas las exequias;
porque ya no puede el alma
ni el cuerpo hacer resistencia
a los bienes que me faltan,
a los males que me cercan
al rigor que me combate,
ni al furor que me atropella.
Pero en estas ocasiones,
si bien el alma es esfera
breve para tanto Sol

como gira en tu belleza,
puedes, reprimiendo arpones
y resistiendo saetas,
hacer que cesen mis males
y que en bienes se conviertan.
Y pues mi vida o mi muerte
está en tu mano, no seas
tan rigurosa que imites
de aqueste monte las fieras.
Ten piedad de quien te pide
favor con tantas ternezas,
pues son mis ansias bastantes
para enternecer las piedras.

María   Lo tierno de tus razones
me obliga a que me suspenda,
y a que piadosa pregunte
quién eres; que por las señas
de lo que has dicho no entiendo
los males que te atormentan,
los rigores que te acosan,
ni el bien que de ti se aleja.

Alejandro   Ya que del papel del alma
los caracteres y letras
has borrado de Alejandro,
el que su afición primera
puso en tus ojos, si bien
fue su afición tan honesta
que a casamiento aspiraba,
sin que pretendiese ofensas
de tu honor; y ya olvidaste
el favor que en tu edad tierna
le hiciste con esperanzas

de ser su esposa, oye atenta,
oye advertida, y sabrás
que es Alejandro el que llega
a merecer tus favores,
y suplicarte que tengas
tal piedad, que no malogres
tanto amor, tantas finezas
como viven en mi pecho,
pues ha dos años que Reinan,
después que tú te ausentaste,
en el alma tantas penas,
que es milagro que la vida
las atropelle y las venza.
Alejandro soy, María,
y mi amor con tanta fuerza
me combate, que me obliga
que huyendo de su potencia
escale aquesta ventana,
y que ya el respeto pierda
al retiro de estos bosques
y al sagrado de estas puertas.
Y sus rigores temiendo,
vengo a que tú me defiendas,
y a obligarte a ser piadosa
para que me favorezcas.

María   Alejandro, yo confieso
que antes que habitase breñas
se apoderaron del alma
y de todas sus potencias
los ardores de amor,
de su fuego las centellas,
de su poder los rigores,
y que me hicieron sujeta

a tu voluntad; mas ya
como es tal la ligereza
del tiempo, y es el que cura
las amorosas dolencias,
del papel de mi memoria
se han borrado, y ya está quieta.
Y así te ruego, Alejandro,
que te apartes y diviertas
de ese pensamiento loco;
suplícote que te vuelvas,
porque la estopa y el fuego,
y más estando tan cerca,
no están seguros; apaga
lascivas concupiscencias,
reprime incendios de amor
que son tan grandes sus Etnas
que ciudades arruinan
y enteros reinos asuelan.

Alejandro   Si de su poder conoces
que lo más fuerte atropella,
¿cómo podré resistirle
siendo débiles mis fuerzas?
No te muestres rigurosa,
humánete la firmeza
de mi amor, que si con gusto
no haces lo que te ruega
este verdadero amante,
el mismo Amor me aconseja
que de su poder me valga
y que el respeto te pierda.

María   Sé más cortés, Alejandro.

Alejandro	No quiere Amor que lo sea.
María	Vete, que vendrá mi tío.
Alejandro	De poco importa que venga.
María	Mira que es Cristo mi esposo.
Alejandro	Respeto tener quisiera a ese nombre, mas no puedo.
María (Aparte.)	(¡Ay de mí!, que las centellas de amor parece que vuelven a encender cenizas nuevas en mi pecho. ¿Qué he de hacer?)
(Dentro.)	
Demonio (Aparte.)	(Ya María titubea; prosigue en lo comenzado.)
María (Aparte.)	(Allí las penas eternas me amenazan rigurosas, aquí la ocasión me aprieta, que Alejandro está resuelto y yo sola entre estas peñas. A Dios temo; amor me incita. No sé a qué parte me vuelva.)
(Dentro.)	
Demonio (Aparte.)	(¡Ea, espíritus lascivos, ayudadme en esta empresa!)

Alejandro	¡Ay de mí! ¡Mi bien, María!
María	¿Qué he de hacer?
Alejandro	No te suspendas.
María	Cálcense mis pies de plumas.

(Hace que se va.)

Alejandro	¿Adónde vas tan ligera?
María	A ver si puedo librarme de esta tirana potencia.

(Vase.)

Alejandro   De mi amor y de su furia
no escaparás aunque vuelas,
pues de aquesta celda breve
está cerrada la puerta.

(Vase. Sale el Demonio.)

Demonio   La suerte está echada, Furias.
Incitadla de manera
que ella quede esclava mía,
llorando en cárcel perpetua,
por este pequeño gusto,
ansias, tormentos y penas.

(Salen Abrahán y Pantoja.)

Pantoja   Confuso, padre mío, y asombrado

el caso me ha dejado.
Diga, ¿con quién reñía
en tal batalla y recia batería?
Porque haber despertado
con tanta pesadumbre y asustado,
sin duda que a la cumbre
llegó en tal ocasión la pesadumbre.

Abrahán   Mire, hermano Pantoja, los cuidados
en sueños son pesados,
y hay tal vez que los sueños
parecen tan verdades que a sus dueños
ponen en tal cuidado,
que el cuidado soñado es más pesado.

Pantoja   ¿Pues, qué soñaba, a fe, por vida mía?

Abrahán   Soñaba que tenía
una mansa ovejuela,
y el lobo con astucia y con cautela,
saltó de risco en risco,
hasta hacer un portillo en el aprisco;
y ella que ya afligida,
de la garra feroz se vio oprimida,
como podía balaba,
pero el astuto lobo la apretaba.
Y yo, viendo tal caso,
cobrando brío, aligerando el paso,
librarla pretendía
de trance tan cruel, mas no podía.
Y al fin, el fiero lobo
de mi mansa ovejuela hizo robo.
Ésta la causa ha sido
del asombro que en sueños he tenido;

yo le digo y confieso
que me dio pesadumbre este suceso;
mas heme consolado
viendo que todo aquesto fue soñado.

Pantoja   Si nunca come cosa de provecho,
¿no ha de tener el pecho
vestido de flaqueza,
y es fuerza participe la cabeza
de varias ilusiones?
Las achicorias trueque y acerones
en jamón y gallina,
y verá como duerme y no adivina.

Abrahán   Deja esos disparates por agora.

Pantoja   ¿No ve que el alma llora,
ver que por su flaqueza
anda en tal ventisquero la cabeza,
que le haga creer que el lobo
en su mansa ovejuela hizo robo?

Abrahán   Vamos, hermano.

Pantoja   ¿Dónde, padre mío?

Abrahán   Donde la carne pierda un poco el brío,
que está muy licenciosa.

Pantoja   Pues no hallo yo briosa
la mía, a fe de pobre.

Abrahán   Yo le digo
que por hablar le tienta el enemigo;

y así es bien que tomemos
algo con que la carne refrenemos.

Pantoja   Yo en tomar fuera franco,
si los ramales fueran tinto y blanco.

(Vanse los dos.)

Demonio   ¡Victoria, infierno,! Ya cayó en el lazo
la que guerra me hacía entre estas peñas.
Ya se rindió a Alejandro, ya amorosa
le recibió en sus brazos, ya no quiere
que la deje y se vaya, ya le incita
que la saque del monte, y él, cobarde,
casi está arrepentido; mas ya es tarde,
ya se ausenta y la deja, y ella triste
detenerle presume, ya ha saltado
por la misma ventana que había entrado,
y ella como se mira desflorada,
lo que más siente es verse despreciada.
¡Haga el infierno fiesta y regocijo!
¡Resuenen los horrendos instrumentos!
¡Celebre con aullidos esta historia,
pues de María tengo ya victoria!

(Vase el Demonio. Sale María, mirando hacia el vestuario.)

María   Agora que has gozado
el ámbar de mi aliento,
y el que era intacto lilio
en violeta le has vuelto,
te ausentas de esta suerte
como corzo ligero.
Olimpa soy burlada,

y tú cruel Vireno.
¿Éstas son tus finezas?
¿Éstos son los requiebros?
¿Pero de qué me espanto?
Que eres hombre y el serlo
a ser ingrato obliga,
porque es en todos ellos
mayorazgo heredado,
vinculado con sus yerros.
Obras me prometías,
ingratitudes veo,
pues todas tus palabras
fueron flores de almendro,
que, locas, sin dar fruto,
las que le prometieron,
dejaron de ser flores
con el rigor del cierzo.
¡Aguárdame, Alejandro!
Corta el ligero vuelo
a las veloces alas
que te da el pensamiento.
No te ausentes ufano,
cuando me das por premio
del gusto que te he dado
pesares y tormentos.
Ya voy tras ti, ¡no huyas!
Pero en vano voceo,
porque en gozando un hombre
lo que tiene deseo,
las finezas y amores
convierte en menosprecios;
y esto mismo Alejandro
con esta acción ha hecho.
¿Qué puedo hacer —¡ay triste!—

entre tantos desvelos,
murada de pesares?
Porque si miro al cielo,
hallo que vibra rayos
contra mí el Juez severo.
El virginal tesoro,
si a mí misma me vuelvo,
veo que le he perdido.
Si el infierno contemplo,
hallo que por un gusto
me aguarda fuego eterno.
Si miro la ventana
por donde entró el incendio
de esta abrasada Troya,
me aflige el pensamiento.
Y la memoria triste
la sirve de recuerdo
de que se fue Alejandro,
de que burlada quedo,
de que a Dios he ofendido,
y de que ya el desierto
no sufrirá que viva
con tan santo maestro
como Abrahán, mi tío;
que si llega a saberlo
morirá de congoja,
de pena y sentimiento.
Pues, ¿qué he de hacer agora,
cuando no hallo remedio,
si no chocar con todo,
y saliendo del yermo
buscar al que ha causado
tantos desasosiegos?
Quedad con Dios, peñascos,

y pues veis que me ausento,
le diréis a mi tío,
contando mi suceso,
que voy, perdida el alma,
a que se pierda el cuerpo.

(Vase. Sale Abrahán, y Pantoja trae unas hierbas.)

Pantoja   Éstas son, padre Abrahán,
las hierbas que en este monte
he cogido; sabe Dios
las penas y dolores
que me ha costado el cogerlas,
que como no son garrotes
los dedos, sino de carne,
pasa mucho quien las coge.

Abrahán   Premio tendrás en el cielo,
pues tan piadoso socorres
a quien molesta la hambre.

Pantoja   Padre, porque no se enoje
las traigo, que a no enojarse,
le aseguro que hay rincones
bien vacíos en mi buche,
y que gruñen como pobres
mis tripas de ver que yo
ando cogiendo acedones
y no consiento probarlos.

Abrahán   Dios te lo pague; da voces
a mi sobrina María,
que se han pasado tres noches
con sus días sin traerla

que coma.

Pantoja   ¡Deo Gracias! ¡Oye!
              No responde.

Abrahán   A llamar vuelve.

Pantoja   ¡María, si no respondes
              comerémonos los dos
              las hierbas que en estos bosques
              he cogido para ti!

Abrahán   Ya hace que me alborote
              tanto silencio. ¡Sobrina!

Pantoja   Sus orejas son de bronce.

Abrahán   ¿Si está muerta?

Pantoja   Padre mío,
              a la ventana se asome
              y sabrá si está muerta o viva.

Abrahán   A la puerta quita el golpe;
              de esta confusión salgamos.

(Entra Pantoja y vuelve a salir, y trae un saco en la mano.)

Pantoja   En todos cuatro rincones
              de la celda la he buscado.

Abrahán   ¿Y no está en ella?

Pantoja   No hay orden

de verla; solo este saco
sobre unos troncos de roble
estaba, señal forzosa
que habita en otras regiones.

Abrahán   ¿Pues su cuerpo no parece?

Pantoja   ¡Ay de mí! Padre, no llores,
que me obligará tu llanto
a que mis mejillas moje.

Abrahán   Mi sobrina no parece;
¿quién duda que las feroces
garras del astuto lobo,
enemigo de los hombres
en trozos habrá desecho
esta corderilla pobre?
Señor, que en brillante solio
habitas en sacros orbes
en cuyo trono querubes
os cantan con dulces voces,
no permitáis que Maria
lo que ha granjeado malogre.
Tenedla de vuestra mano,
que si ella no la socorre
será forzoso que caiga
en abismos que la ahoguen.
Si mis culpas han causado
que vuestra justicia arroje
contra mí rigores muchos,
en eso es bien me conforme;
pero atajad, Señor mío,
tan insufribles rigores,
y en el alma de María

mancha de culpa no toque,
que será el mayor castigo
que podrás darme. Convoquen
contra mí los elementos
toda su furia. Amontonen
rayos que me despedacen,
centellas que me destrocen.

Pantoja   Vuelva en sí, padre Abrahán;
mire que esas peticiones
no está bien que se ejecuten,
porque si acaso se ponen
en ejecución, a mí,
que vivo en aquestos montes,
me alcanzará algún chispazo
que me deje a buenas noches;
y es mejor que en casos tales
procuremos dar un corte.

Abrahán   ¿Qué remedio hallarse puede?

Pantoja   Que tomemos los bordones
y partamos a buscarla.

Abrahán   Pantoja amigo, disponte
a hacer este viaje;
ve a buscarla aunque trastornes
todo el mundo, que yo en tanto
pediré en oraciones
a Dios, que en este suceso
haga lo que más importe.

Pantoja   Yo voy por darte este gusto.

Abrahán	Parte luego.
Pantoja	Adiós montes, que sin ser perro de muestra, voy a buscar quien me informe de un ave que de la jaula se salió sin capirote.

Fin de la segunda jornada

Jornada tercera

(Salen Mardonio y Alejandro.)

Mardonio Lindo tiempo, Alejandro,
venís a Tebas.

Alejandro ¿Por qué?

Mardonio Porque sé que habéis de holgaros
de ver un ángel mujer.

Alejandro ¿Ángel mujer?

Mardonio Sí, por Dios.

Alejandro Dificultoso ha de ser,
que la mujer más hermosa
para mí demonio es.

Mardonio ¿Desde cuándo acá, Alejandro,
tenéis ese parecer?

Alejandro No ha mucho.

Mardonio ¿De qué ha nacido
no estimar y aborrecer
los sujetos mujeriles?
Que si yo no me engañé,
cuando os vi en Alejandría,
el más silvestre clavel
era de vos estimado.

Alejandro Digo que razón tenéis;

	pero ya estoy diferente
	de aquello que entonces fue.
Mardonio	Lo que digo no ha mil años,
	pues decir puedo que ayer
	os vi tan enamorado
	que casi me lastimé
	de veros con tanto amor.
Alejandro	Habrá dos meses o tres
	que vivo con poco gusto.
Mardonio	¿Y de qué nace?
Alejandro	De haber
	querido con mucho extremo,
	y como ordinario es
	aborrecer en gozando,
	ya aborrezco lo que amé.
	Y tan asustado vivo,
	después que el ámbar gocé
	de la boca que adoraba,
	que es imposible tener
	gusto, y es de tal manera
	que en mi pecho está un Babel
	de confusión, de tristeza,
	de pena y de tal desdén
	conmigo mismo, que yo
	no me puedo conocer.
Mardonio	Si de celos hay vislumbres,
	no me espanto; que tal vez
	suelen ser causa los celos
	que lo que se quiere bien

se aborrezca y no se estime,
si bien suele suceder
ser acicates del gusto;
mas cuando se llega a ver
aquello que se sospecha,
entonces forzoso es
que en pena se trueque el gusto,
y en acíbar lo que es miel,
en rigores las blanduras,
y en gualda la candidez.
Y cuando pasan los celos
desde sospecha a no ser
mentira sino verdad,
el amante más novel
y el menos diestro en las armas
de aquel rapacillo Rey,
el amor convierte en odio,
y en olvido el bien querer.
Y así no me espanto yo
que vos disgustado estéis,
si vuestra dama ha entregado
a otro dueño el rosicler.

Alejandro   No, Mardonio, en este caso
me han podido acometer
los rigores de los celos,
que seguridad hallé
en el sujeto adorado,
no solo un mes y otro mes,
sino algunos años; y antes
que llegase a merecer
ser dueño de su hermosura,
tan de veras me entregué
a la pasión amorosa,

que sin poder conocer
que imposibles intentaba,
por todos atropellé,
hasta que postré los muros
de la que me hizo poner
en tan notorios peligros;
pero después que llegué
a gozar, dichoso amante,
de sus labios el clavel,
de sus mejillas el nácar,
de su hermosura la tez,
de su aliento la fragrancia,
y el donaire de su pie,
todo yo tan otro estoy
que, sin que llegue a altivez,
la fragrancia es olor malo,
los donaires son desdén,
las hermosuras fealdades,
el nácar amarillez,
la nieve pura azabache,
y aquella que imaginé
cuando pretendí gozarla
ser ángel más que mujer,
demonio que me atormenta
me parece ya.

Mardonio   No deis
lugar a tantas quimeras.

Alejandro   No sé cómo pueda ser
divertir a la memoria,
porque es verdugo cruel
que atormenta los sentidos.

Mardonio	En este mesón que veis aquí enfrente hay una moza de tal gracia y parecer que sabrá bien divertiros.
Alejandro	Por imposible tendré que en tantas melancolías pueda alegrarme.
Mardonio	No estéis tan triste, que su donaire es tal que puede vencer mayores dificultades; y para que os alegréis habemos de entrar allá; mas entrar no es menester que ya a la calle ha salido.

(Salen Álvarez, mesonero vejete, y María, como moza de mesón.)

Álvarez	Ya te he dicho, no una vez sino muchas, que a los mozos no los trates con desdén, porque ellos solos, María, nos pueden enriquecer; y si a otro mesón se mudan, ya ves que me perderé.
María	Yo lo haré de buena gana.
Álvarez	Aqueso tienes que hacer, pues solo en eso consiste nuestro mal o nuestro bien. Mas aquestos galancitos

que vienen de tres en tres,
con más tufos y guedejas
que un caballo de alquiler
lleva clines, y un frisón
cernejas lleva en los pies,
no hay que admitirlos, María,
porque suele suceder
pasar de burlas a veras;
que en viendo que el otro es
más bien visto de tus ojos,
y que tú no haces de él
tanto caso como él piensa,
con su espadita y broquel
quiere alborotar la casa,
y sin respeto tener
al dueño que en ella vive,
se reviste de altivez,
y con cólera prestada
las manos querrá poner
en tu rostro.

María   Ya te entiendo;
no es menester que me des
más lección, que ya conozco
todos los de este jaez,
que piensan que por sus ojos
bellidos una mujer
ha de darles todo gusto;
mas saldráles al revés,
que yo estimo en más el rostro
del Rey de Jerusalén
estampado en el metal
que sabe muros romper,
que cuantas hay valentías;

porque en no trayendo argén
el más valiente es cobarde,
el más furioso es lebrel,
y el que quisiere rendirme
ha de dar, no prometer,
que en mi opinión vale más
un toma que dos daré.
Porque como la promesa
de tiempo futuro es,
cuando llega a ser presente,
si presente llega a ser,
es con tal limitación
que solo promesa fue.

Álvarez   Filósofa estás, María.

María   No te espantes que lo esté,
que es maestra la experiencia,
y son los hombres de quien
aprendemos cada día.

Mardonio   ¿Qué hay, Álvarez?

Álvarez   Ya lo ves,
señor Mardonio.

Mardonio   Este hidalgo,
tan galán como cortés,
hoy a Tebas ha llegado,
y en ella tiene que hacer
unos negocios que importan,
y quisiera su merced,
porque tiene buenas nuevas
de la posada, escoger

en ella algún aposento.

Alejandro (Aparte.)   (¡Cielos! Aquí es menester
gran prudencia; ésta es María,
la que en el monte gocé,
que viéndose despreciada,
de entre una y otra pared
donde estaba recogida,
ha salido, y ya seré
más ingrato que hasta aquí
si no la estimo.)

Álvarez   Escoged,
señor hidalgo, la pieza
que a propósito os esté,
que mi persona y mi casa
a vuestras plantas tenéis.

Alejandro   A tales ofrecimientos
es forzoso agradecer
con el alma y con la vida,
y así digo que tendréis
en mí un esclavo.

María (Aparte.)   (Alejandro
aquel caballero infiel,
causa de todos mis males
es éste. ¿Qué puedo hacer
sino callar y sufrir?
Que alguna ocasión tendré
en que mi sentir le diga.)

Álvarez   Hija María, ya ves
que es forzoso aquí el cuidado.

María	Digo, señor, que pondré en servirle diligencia.
Alejandro	¿Es hija vuestra o mujer?
Álvarez	No, señor, criada mía.
Alejandro	Es extremada.
Álvarez	Diréis, si acabáis de conocerla, que por mi buena vejez el cielo me la ha traído al mesón.
Alejandro	Digo y diré que es mesonera del cielo, y que puede el mismo Rey servirse de ella.
María	Señor, suplico a vuesa merced no se gaste en alabarme, que lo que soy yo me sé, y aunque fuera mucho menos no me engañará otra vez.
Alejandro	¿Cuándo te he engañado yo?
María	Digo, señor, que me erré. Esta vez quise decir, y a decirlo vuelvo...
Alejandro	¿Qué?

María	Que mi gusto, bueno o malo,
	no se guisa para él;
	para guisar la comida,
	para la sala barrer,
	para limpiarle la cama,
	y cosa de este jaez,
	eso sí, mas para esotro...
(Santíguase.)	¡Dios me defienda!
Alejandro	¿Por qué?
María	Porque en sus ojos he visto
	que tiene traza de ser
	Vireno si soy Olimpa;
	y a una mujer no está bien
	rendirse a quien puede darla
	acíbar, absintio y hiel
	por amores y requiebros.
(Hace que se va.)	
Alejandro	¿Adónde vas?
María	Voy a hacer
	lo que toca a su regalo.
Alejandro	Nunca mayor le tendré
	que mirar tus bellos ojos.
	¡Oye! ¡Escucha!
María	Tome diez
	higas por ese favor;
	mas no tiene para qué
	requebrarme, que es en vano,

porque no me hará creer,
según en sus ojos veo,
que ha de ser firme.

Mardonio   ¿No es
del cielo la mesonera?

Alejandro   Digo que razón tenéis,
y pienso que ha de ser parte
para alegrarme; traed,
huésped, algo que cenemos.

Álvarez   Como un viento lo traeré.

Mardonio   ¿Queréis quedaros aquí?

Alejandro   Siquiera volved después,
porque intento divertirme.

Mardonio   ¡Quedad con Dios!

Alejandro   ¡Id con él!

(Vanse Mardonio y Álvarez.)

Alejandro   Mesonera del cielo,
cuyos ojos brillantes,
con fulgores cambiantes
abrasan todo el suelo;
un Etna, un Mongibelo
en mi pecho se encierra;
Amor me hace ya guerra
después que vi tus ojos;
no aumentes mis enojos,

cuando en venturas tales
vienes a ser ocaso de mis males.
   Melancólico y triste
a Tebas he llegado,
y en tu donaire he hallado
el aliento que me diste;
los rigores resiste
que a mostrar comenzaste;
no des conmigo al traste,
ya que mi suerte ha sido
tanta que he merecido
que mis melancolías
se conviertan en gusto y alegrías.

María   Caballero alevoso,
villano mal nacido,
Rómulo fementido,
Zopiro cauteloso,
¿cómo agora amoroso
pretendes mis favores,
cuando de mis rigores
es bien la furia pruebes,
porque las nuevas lleves
a los hombres ingratos
que fuiste amante de villanos tratos?
   ¿Tan presto te olvidaste
de la traición que hiciste,
cuando atrevido fuiste
que el honor me quitaste?
¿Cómo no reparaste,
cuando por la ventana
entraste, tigre hircana,
con aliento bizarro
y con mayor desgarro,

que quedando burlada
había de ser leona deshijada?
    Pues, ¡vive Dios, ingrato!

(Sácale la espada.)   Ya que me ocasionaste,
después que me gozaste
con alevoso trato,
que perdiese el recato
a la nobleza mía;
que de tu alevosía
has de pagar agora
con tu espada traidora
la culpa merecida,
que amante tal no es bien que tenga vida.
    A Dios tengo ofendido,
a mi honor deslustrado,
y lo que había ganado
del todo se ha perdido;
por tu causa he venido
a ser mujer perdida;
buena fui recogida,
pero ya soy tan mala,
que Taís no me iguala,
y soy tan gran ramera
que me rindo a dar gustos a cualquiera.
    Y pues soy flor ajada
de tu villana mano,
defenderte es en vano
de una tigre enojada;
que mujer despreciada,
sin que el infierno tema,
no se abrasa y se quema
en furias y rigores
sintiendo los dolores
del fuego que ha encendido

un masageta necio y atrevido.
    Y así no ha de espantarte
cuando enfrascada en vicios,
de quien por sacros juicios
tú vienes a ser parte,
que pretenda matarte.

(Vale a dar y repara con la daga.)

Alejandro   El furor que te altera
                  suspende. ¡Aguarda, espera!

María   ¿Cómo esperarme puedo,
                  si la cólera heredo
                  de serpiente pisada,
                  y de mujer resuelta y agraviada?

Alejandro   Yo confieso, María,
                  que te sobran razones,
                  y el decirme baldones
                  no juzgo a villanía;
                  pero el rigor desvía
                  retírese tu enojo,
                  que ya por tu despojo
                  el alma se confiesa,
                  pues gana e interesa,
                  volviendo a recobrarte,
                  más glorias que en el mundo tuvo Marte.

María   ¿Cómo quieras que crea
                  que agora verdad tratas,
                  si entre riscos y matas,
                  con hazaña tan fea
                  robaste la presea

que más a Dios agrada,
mas de ti no estimada;
pues luego en aquel monte,
perjuro Laomedonte,
apenas la robaste
cuando, pirata necio, te ausentaste?
    ¿Entonces no decías,
derramando cristales,
que curase tus males
y tus melancolías:
Con ansias y porfías,
¿no intentaste ablandarme,
mas fue para engañarme?
Y así, aunque viertas perlas,
no tengo de cogerlas;
porque en trance tan fuerte
no es crecido rigor el darte muerte.

Alejandro   Entonces yo confieso
que con exceso amaba,
y que poco faltaba
para perder el seso;
pero de aqueste exceso
—viéndote consagrada
a la deidad sagrada—
saqué ser atrevido,
y que Dios ofendido
mucho de mí estaría,
pues en su misma esposa le ofendía;
    y lleno de temores
por tanto barbarismo,
me aborrecí a mí mismo
huyendo sus rigores;
pero ya que de amores

tratas, bella María,
el amor que tenía
vuelve a cobrar aliento;
y hago juramento
a tu misma belleza
de aventajar los montes en firmeza.

María   De firmezas no trato,
que la mayor firmeza
para mí es la riqueza;
interés es mi trato;
ya he tocado a rebato,
a mi honor hago guerra;
ya soy en esta tierra
pública pecadora;
aquél más me enamora
que me ofrece más oro,
y de quien más paga es mi tesoro.
  Pero tú, fementido,
no intentes combatirme
con decir serás firme,
pues tan ingrato has sido,
que si hubieras traído
copia de cornerinas
y las que el alba finas
congela varias perlas,
más quisiera perderlas
que volver a rendirme
a quien no quiso ser amante firme.
  Y así, vete, villano,
que por no lisonjearte
ya no quiero matarte
(Arroja la espada.) con tu espada y mi mano;
mas también será en vano

104

pretender ser mi amante,
que porque más te espante,
cuando te muestras tierno
antes me iré al infierno
que vuelva a sujetarme
a quien solo ha querido deshonrarme.

(Vase María.)

Alejandro   ¡Escucha, aguarda, espera!
Hipogrifo violento,
no te calces de viento,
no camines ligera
a superior esfera;
reprime tus rigores,
estima mis amores;
mas ¿cómo si amor tengo
no la sigo y prevengo
del rigor ablandarla,
pues alas me da Amor para alcanzarla?

(Vase Alejandro. Salen Pantoja, de peregrino a lo gracioso, y Álvarez.)

Pantoja   ¿Cuánto habrá que aquesta moza
tiene en casa?

Álvarez   Casi dos
meses.

Pantoja   ¿No más?

Álvarez   No.

Pantoja   ¡Por Dios!

Que mucha hermosura goza.

Álvarez   ¿No es muy linda?

Pantoja   Es extremada;
y, si de espacio viniera,
solo por ella, asistiera
con gusto en esta posada.
    Mas voy de priesa, así
no me puedo detener;
pero yo haré por volver
con brevedad por aquí
    solo por verla. El camino
es menester que me enseñe,
para que no se despeñe
este pobre peregrino.

Álvarez   Ya le digo que es pasando
aquella cuesta de enfrente,
donde está una hermosa fuente
de sí misma murmurando,
    hay dos caminos inciertos
adonde los peregrinos,
ignorando los caminos,
se pierden por los desiertos.
    Porque el de mano derecha,
que tira hacia Alejandría,
aunque se anda cada día,
es una sendita estrecha;
    que por ser las peñas tantas,
no se deja hollar la tierra,
y así hacen cruda guerra
a las peregrinas plantas.
    Y el que está al izquierdo lado,

si bien no es menos estrecho,
hace camino derecho
al desierto tan nombrado
   de la Tebaida de Egipto;
con esto no hay más que hacer,
y si acertare a volver
por aquí, será infinito
   el gusto que me dará
volviéndose a la posada,
donde a su persona honrada
en todo se acudirá
   cuanto hubiere menester.

Pantoja   ¿Y ha de ser de balde?

Álvarez   No
que no puedo darle yo
cosa de balde.

Pantoja   Ofrecer
   a costa de mi dinero
lo que tengo de yantar,
cosa es digna de estimar;
pero, hermano mesonero,
   más merced le hago yo
en tenerme por su amigo,
pues viene a ganar conmigo
dos tantos que le costó.

Álvarez   ¡Pícaro, infame, bellaco!
¿Qué modo de hablar es ése?

Pantoja   Eso de pícaro cese,
que, por Cristo, que si saco

                          atrás el pie y el bordón
                          esgrimo como yo suelo,
                          que a su pesar bese el cuelo.

Álvarez   Poquito a poco, bribón.

Pantoja   Muchito a mucho, vejete.

Álvarez   Poco a poco, pordiosero.

Pantoja   Mucho a mucho, mesonero.

Álvarez   ¡Hijo de puta!

Pantoja   ¡Alcahuete!

Álvarez   Eso es poco y mal hablado.

Pantoja   Esotro es mucho aunque poco.

Álvarez   Vete noramala, loco.

Pantoja   Vete tú, desvergonzado.

Álvarez   ¡Sucio, mientes, por San Pablo!

Pantoja   ¡Y tú más, por Cristo eterno!

Álvarez   ¡Váyase con el infierno!

Pantoja   ¡Y él se quede con el diablo!

(Vanse cada uno por su parte. Sale Leonato.)

Leonato	¿Hasta cuándo, cuidados,
	tan bien sufrido como mal premiados,
	por caminos inciertos,
	entre riscos pelados y desiertos
	de habitación humana,
	tengo de andar tras una tigre hircana,
	despeñado Faetonte,
	en este inculto como altivo monte:
	Lucrecia no parece,
	el aliento y la fuerza desfallece,
	los pies están cansados,
	solo tengo los bríos alentados;
	¿mas de qué sirven bríos
	si son tan infaustos los sucesos míos?
(Siéntase.)	Al pie de aquesta fuente
	que desperdicia aljófar su corriente,
	al son de sus cristales
	quiero hacer un recuerdo de mis males;
	que el mal comunicado
	suspende un poco al dueño desdichado.
	Fuentecilla, ya veo
	que no puedo alcanzar lo que deseo,
	y me tendréis por loco
	cuando se estima mi fineza en poco;
	mas el ciego vendado
	sus dorados arpones me ha tirado,
	y estoy de tal manera
	que olvidarla no puedo aunque quisiera.
	Ya que no puedo hallara,
	cristal puro, ¿qué haré para olvidarla?

(Sale Lucrecia vestida de pieles en lo alto de un monte, de manera que venga a estar encima de la fuente.)

Lucrecia	Divertir la memoria de tal suceso y de tan triste historia, es lo más acertado.
Leonato	En esta fuente un eco ha resonado. ¡Ay, Dios, si en ella hallase remedio con que el mal se minorase, qué dichoso fuera!
Lucrecia	Justo será que la memoria muera de laberinto tanto; que andar de risco en risco y canto en canto entre tanta espesura, sin tener esperanzas, no es cordura.
Leonato	Parece que los ecos que salen de estos cóncavos y huesos formando desengaños, procuran libertarme de mis daños.
Lucrecia	Refrene el pensamiento alas veloces que le presta el viento, que dejar remontarle a superior esfera es despeñarle, y más cuando no hay medio que pueda ser de tanto mal remedio.
Leonato	¡Oh, tú, que entre cristales vienes a ser remedio de mis males! Si eres acaso monstro con alma racional, descubre el rostro; que no es bien me lecciones poniéndome en mayores confusiones.

Lucrecia	Alma, si el trance es fuerte,
	y has de ser alma en pena hasta la muerte,
	¿de qué sirve briosa
	en torno de la luz ser mariposa,
	si al fin, al fin el fuego
	te ha de abrasar con tal desasosiego?
Leonato	Verdades apuradas
	salen de entre estas rocas empinadas,
	si no es que aquesta fuente,
	dando voz al cristal de su corriente,
	viendo mi mal notorio
	convierte en lengua el líquido abalorio,
	para que no me vuelva,
	sátiro bruto de esta inculta selva.
(Asómase a la fuente.)	Pero, ¡cielos! ¿Qué veo?
	Éste, si no me engaña mi deseo,
	el rostro es de Lucrecia,
	si bien la vista, ya turbada y necia,
	desmintiendo su traje,
	me la muestra vestida de salvaje.
	¡Oye, Lucrecia mía!
Lucrecia	Un hombre con extraña fantasía
	mirándose en la fuente
	que hace sierpes de plata en su corriente,
	a voces me ha llamado;
	sin duda que mi rostro retratado
	en el cristal ha visto.
	¿Cómo en bajarle a ver tanto resisto?
	Sin duda me conoce,
	pues le obliga mi vista se alboroce.
	¿Si es Abrahán, mi esposo,
	que ya pretende, tierno y amoroso,

volver a ser mi dueño?

Leonato   El alma tengo ya en mayor empeño.
¿Dónde, Lucrecia, has ido?
¡No vuelvas a privarme de sentido!
¡Lucrecia!

(Va bajando Lucrecia por el monte, y quédase en la mitad del monte sin bajar.)

Lucrecia   ¿Quién llama?

Leonato   Quien a su costa tan de veras ama,
que por buscarte solo,
como Clicie divina el sacro Apolo,
sin saber reportarme,
me he visto a pique ya de despeñarme.

Lucrecia   Dime presto tu nombre,
que hace el no conocerte que me asombre.

Leonato   Yo soy, Lucrecia hermosa,
Leonato, a quien amor rinde y acosa
con extremo crecido;
y es tanto extremo que me trae perdido
hasta gozar tus ojos,
a quien se rinde el alma por despojos.
Yo soy aquél que en Tebas,
viéndome de ti amado, tuve nuevas
que fuiste a Alejandría
para dejar entonces de ser mía;
supe también que en ella
te desprecia tu esposo por ser bella,
y en tan funesto estado
quiso dejarte por no ser casado.

Yo, viendo tu desprecio,
cuya beldad adoro, estimo y precio,
amante desvalido,
por el inculto monte te he seguido,
sin que nuevas hallase
con que mi amor gigante sosegase,
hasta agora que el cielo
quiso en mis males darme este consuelo.
Baja, baja, señora,
estima esta lealtad de quien te adora;
a Tebas nos volvamos,
donde con gusto y con paz los dos seamos,
uno el olmo, otro hiedra,
que con lazos estrechos amor medra.
Y pues ya que tu esposo
no quiso ser contigo venturoso,
goce yo esta ventura,
que lo será gozar de tu hermosura,
como grande desdicha
si no llego a gozar de aquesta dicha.

Lucrecia   Bien quisiera ser parte
para poder, Leonato, consolarte,
y agradecer quisiera
la relación que has hecho verdadera
de firme enamorado,
pero yo vengo a hallarme en tal estado
y en tan estrecho empeño
después que me entregaron a otro dueño,
que, olvidando el ser mía,
toda yo me entregué al de Alejandría.
Y, aunque no consumado
fue el matrimonio por infausto hado,
tan de firme me precio

que del mayor monarca hago desprecio;
y así, Leonato, deja
la pasión amorosa que te aqueja;
que viviendo mi esposo,
no pretenda ninguno ser dichoso,
porque ha de ser en vano
intentar que a otro amante dé la mano
—esto, Leonato, es cierto—
hasta que sepa que mi esposo es muerto.

(Vase por arriba.)

Leonato   ¡Oye, Lucrecia, escucha!
Muévete la pasión que en mi alma lucha.
Mas si eres Atalanta,
Hipómenes seré para tu planta;
que mostrándome fiero
para vencerte en curso tan ligero,
no con manzanas de oro
sacado de las minas del Peloro,
sino con limpio acero,
al que llamas esposo verdadero
le quitaré la vida
si de otra suerte no has de ser vencida.

(Vase sacando la espada. Salen Pantoja, de peregrino, y Abrahán, de ermitaño.)

Abrahán   ¿En efecto, mi sobrina
con tanta disolución
hace vida en un mesón?

Pantoja   Ella corrió la cortina
a la vergüenza, y allí

114

a quien la paga mejor
ofrece gusto mayor,
aunque sea el gran Sofí.

Abrahán   Búscame, Pantoja amigo,
un vestido de soldado,
que quiero ser disfrazado
de su liviandad testigo.
　Y para que efecto tenga,
ve volando a Alejandría,
y pide de parte mía
el dinero que convenga.

Pantoja   De tu pensamiento apelo.
¿Qué es lo que quieres hacer?

Abrahán   Si puedo, que llegue a ver
la mesonera del cielo.

Pantoja   ¿Y quién te ha de acompañar,
señor, en esta ocasión?

Abrahán   Tú, que sabes el mesón.

Pantoja   Bien me quisiera excusar,
　si puede ser, de ir contigo.

Abrahán   ¿Por qué?

Pantoja   Porque cuando fui
con el vejete reñí
y quedó muy mi enemigo,
　y si me vuelve a coger
en su casa, es ocasión

de alborotar el mesón.

Abrahán

Pantoja, aquesto ha de ser;
  y pues yo estaré a tu lado,
no hay que temer el partido.

Pantoja

Señor, yo soy mal sufrido;
y vestido de soldado,
  si él dice palabras tales
que yo me llegue a enfadar,
no le puedo convidar
a cerezas garrafales.

Abrahán

  Enseñarásme el mesón,
y luego podrás volverte
ya que temes de ponerte
en semejante ocasión.

Pantoja

  ¿Adónde me he de volver?

Abrahán

A la entrada del lugar,
y allí podrás aguardar;
que antes del amanecer
  estaré contigo yo.

Pantoja

Plegue a Dios que ello aciertes,
y que no haya algunas muertes
en el caso.

Abrahán

    Aqueso no,
que lo sabré disponer
mejor que imaginas tú.

Pantoja

Lléveme a mí Bercebú,

si no hay harto que temer.

Abrahán   Vamos, y pierde el recelo
que te enfada y amohina,
que ha de ser hoy mi sobrina
la mesonera del cielo.

Pantoja   Vamos; mas, por Cristo eterno,
si llueven palos en mí,
que vendrá a ser para mí
mesonera del infierno.

(Vanse los dos. Salen Alejandro y Mardonio.)

Mardonio   ¿Cómo va de amores?

Alejandro   Mal.

Mardonio   ¿Por qué?

Alejandro   Porque con rigores
corresponde a mis amores.

Mardonio   No vi condición igual,
   ni sé qué pueda decir,
viendo que por varios modos
hace buena cara a todos
y a vos no os quiere admitir.
   Y me da que sospechar,
mirando tales resabios,
que de por medio hay agravios
que la obligan a mostrar
   ceño y capote con vos.

Alejandro

Que tiene razón confieso
de hacer conmigo este exceso.

Mardonio

Ya sabéis que entre los dos
  estrecha amistad ha habido;
y así decirme podéis
si satisfacción tenéis
de mí, que secreto ha sido,
  la causa de este desdén.

Alejandro

Corta nuestra amistad fuera
si agora parte no os diera
de mi mal o de mi bien.
  Ya os acordáis que llegué
a Tebas con poco gusto,
y que nació este disgusto
de una mujer que gocé.

Mardonio

  Sí, me acuerdo.

Alejandro

                    Pues, Mardonio,
es ésta misma; y en fin
este humano serafín
se me convirtió en demonio
  después que de su hermosura
gocé el néctar soberano,
que me obligó a ser tirano
al verla en una clausura,
  adonde a Dios dedicada
con mucho gusto asistía;
y viendo que le ofendía
con acción tan arrojada,
  temiendo de su rigor
la rigurosa sentencia,

determiné hacer ausencia
olvidado de mi amor.
   Y como agora la vi
sin estas obligaciones,
a mis antiguas pasiones
con más fuerza me volví.
   Y responde que seré,
cuando la digo mi amor,
falso, perjuro y traidor
más que cuando la gocé.

Mardonio
   En parte tiene razón;
que una mujer agraviada,
de su agravio hace espada
y peto de su pasión.
   Y si da en aborrecer,
aunque amor la haya rendido,
es el odio más crecido
que fue el amor y el querer.
   ¿Qué pensáis hacer agora?

Alejandro
Fáltame hacer un papel,
y esme forzoso ir por él
antes que salga el aurora;
   y a la vuelta la diré
que vuelva a estimar mi amor.

Mardonio
Si yo soy de algún valor
para serviros, lo haré.

Alejandro
   Satisfecho estoy de vos,
y así os pido que me deis
licencia.

Mardonio	Vos la tenéis.
Alejandro	Con Dios quedad.
Mardonio	Id con Dios.

(Vase cada uno por su parte. Salen Pantoja y Abrahán, éste también a lo soldado con gran cabellera.)

Pantoja
　　　　　　　Ya que habemos llegado
al puerto de los dos tan deseado,
ésta es, señor, la puerta
del mesón; y pues sabes que está cierta
con este mesonero
la pesadumbre, yo volverme quiero,
donde en el prado ameno
aquesta noche dormiré al sereno,
contando las estrellas,
si acaso el sueño me dejare vellas,
hasta que a la mañana
María sirve al monte de Diana.

Abrahán
Darte quiero ese gusto,
pero llama primero.

Pantoja
　　　　　　　　　Aqueso es justo.
¡Álvarez! ¿Hay posada?

(Dentro Álvarez.)

Álvarez
Tan limpia como siempre y aseada.
Entren vuesas mercedes.

Pantoja
Con aquesto, señor, quedarte puedes.

120

(Vase Pantoja.)

Álvarez   Sea muy bien venido.

Abrahán   La fama de esta casa me ha traído
                        hoy a posar en ella,
                        porque además de ser hermosa y bella
                        con excesivos modos
                        la mesonera, como dicen todos,
                        también me han informado
                        que el dueño del mesón es muy honrado.

Álvarez   Por lo menos deseo
                        servir a los que me honran con aseo.

Abrahán   Bien el talle publica
                        que vuestra voluntad de todo es rica.
                        Algo vengo cansado,
                        y descansar quisiera.

Álvarez   Aderezado
                        tendrá el aposento
                        la moza que decís, que es como el viento.

Abrahán   Si no os causa disgusto,
                        por decirme que tiene muy buen gusto,
                        esta noche quisiera
                        que fuera, si gustáis, mi compañera.
                        Mi intento tenga efecto,
                        que no formaréis quejas os prometo.
                        Tomad estos doblones
                        y buscad qué cenar.

Álvarez	A los varones de vuestra traza y modo, a servir con cuidado me acomodo. Yo hablaré a la moza, que mil donaires en su aliento goza, y sin darme disgusto haré que acuda a daros ese gusto. ¡Sirvan luces, María!

(Sale María con dos velas encendidas en dos candeleros, y pónelas en un bufete.)

María	Aguardando en las manos las tenía.
Álvarez	¿Qué os parece el despejo?
Abrahán (Aparte.)	(¡Ay, querida sobrina! ¡Ay, claro espejo! quebrado por mis males! Reprimid, corazón, vuestros raudales. Es su gran bizarría más que la fama publicado había.)
Álvarez	María, aqueste hidalgo quiere verte esta noche.
María	Si yo valgo para hacerle ese gusto, desde luego, a su gusto yo me ajusto.
Abrahán (Aparte.)	(¡Ay, cielos! ¿Quién dijera que tal facilidad en ella hubiera?) Vamos al aposento.
(Aparte.)	(Alentad vuestros bríos, pensamiento, que de estas liviandades

y de aquestas lascivas libertades,
con el favor divino,
por modo extraordinario y peregrino,
dejando el ser ramera,
vendrá a ser de los cielos mesonera.)

(Toma María una vela, y va delante de Abrahán y quédase Álvarez.)

Álvarez ¡Por San Pedro y San Pablo,
que en el mesón se ha desatado el diablo!
Tratemos de la cena,
que con tal huésped la tendremos buena;
porque hablando verdades,
después que yo pasé mis mocedades
y jóvenes ardores,
el oro y el comer son mis amores.

(Toma la vela y vase. Sale María con la vela, y después de ponerla en el bufete,
corre una cortina adonde estará una cama muy bien aderezada, y Abrahán.)

María ¿No ha de cenar su merced?

Abrahán Ya para cenar es tarde;
demás que no hay para mí
mejor cena que gozarte;
porque mirando tus ojos
y lo airoso de tu talle,
es tanto lo que te adoro
que el gusto se satisface.

María Avisaré, según eso,
que de la cena no trate
mi señor.

Abrahán	Decirlo puedes.
María	¡Oye vusted, señor Álvarez!
(Dentro.)	
Álvarez	¿Qué dices, hija María?
María	Que su merced no se canse en aderezar la cena, que no quiere más faisanes que gozar de mi hermosura.
(Dentro.)	
Álvarez	Háganme de aquesos males los huéspedes que vinieren, cuando yo quiero sentarme a comer.
Abrahán	Cierra la puerta.
(Hace que se cierra.)	
María	Ya está cerrada con llave.
Abrahán	Está bien.
María	Agora puede en esta silla sentarse.
Abrahán	¿Por qué dices que me siente?
María	Porque quiero descalzarle

124

	para que nos acostemos.
Abrahán	Aún es temprano, bastante tiempo nos queda, María.
María	Ya es razón acomodarme con su gusto.
Abrahán	Eres discreta.
María	Ya no quiere acostarse, me ha de conceder licencia que los cabellos aparte de su rostro.
Abrahán	Norabuena, que es lo que pides tan fácil, que fuera estimarte en poco no hacer lo que tú gustares.

(Apártale los cabellos, y túrbase, y pónese de rodillas.)

María (Aparte.)	¡Señor! (¿Qué es aquesto, cielos? Mi tío en aqueste traje?)
Abrahán	¿Qué es esto?
María	¡Señor!
Abrahán	¡Sobrina! ¿Tú con tantas libertades? ¿Tú con tal desenvoltura? ¿Tú con liviandad tan grande? ¿Tú tan pública ramera,

que hasta en las soledades
de tu torpeza y locura
las peñas han hecho alarde?
¿No eres tú la que en el monte
eras tenida por ángel?
¿Cómo por estas torpezas
el ser ángel olvidaste?
¡María, corazón mío!
¿Quién fue causa que trocases
el angelical vestido
por éste que nada vale?
Si del infernal dragón
convertido en tigre y áspid
fuiste combatida entonces,
y diste contigo al traste,
¿no era mejor que acudieras,
pues era el remedio fácil,
a decírselo a tu tío,
que yo, aunque malo, en tal trance
pidiera a Dios con suspiros
y con penitencias grandes,
que de tales tentaciones
te librara como padre?
¿Tu santidad, qué se ha hecho?
¿Dónde están tus humildades:
¿Adónde tus devociones?
¿Cómo tan presto trocaste
la santidad por el vicio,
la abstinencia por la carne,
por el regalo el ayuno,
y los bienes por los males?
Vuelve en ti, mitad del alma;
ya tus durezas ablanden
pedazos del corazón

convertidos en cristales.
Mas como estás enfrascada
en vicios y vanidades,
y como tras un pecado
pecados encadenaste,
no querrás volverte a Dios,
no procurarás llamarle,
no intentarás reducirte,
porque los vicios son tales
que si en el alma una vez
comienzan a amontonarse,
del infierno hacen su cielo,
y gusto de los pesares.
¡Ea, sobrina María!,
que si del cielo cerraste
las puertas con tus pecados,
la penitencia las abre.
Vuelve en ti, mira por ti;
no aguardes a que se pase
el verdor de tus abriles,
de tu hermosura el donaire,
el nácar de tus mejillas,
de tus ojos lo brillante,
el oro de tu cabello,
de tus perlas el engaste,
el marfil de tu garganta
y los bríos de tu sangre,
que si pasa todo aquesto,
y llega la inexorable
parca que a nadie perdona,
mal podrá recuperarse
el tiempo desperdiciado
en locuras y maldades.
Mira que corre tormenta

el mar en que te embarcaste,
y hay escollos peligrosos
en que se rompa la nave.
Coge las velas, María,
de culpas descarga el lastre,
y como diestro piloto
que en furiosas tempestades
se abraza con el timón
acude tú al gobernalle.
Éste es Cristo, que en el árbol
de la cruz, un tiempo infame,
derramó con abundancia
sangre y agua en que te laves.
Y si acaso te enmudece
el tener cuenta que darle
de tantas maldades tuyas,
no temas, nada te empache,
que yo tomo a cuenta mía,
sobrina, desde este instante,
dar cuenta de todas ellas
a aquel tribunal grande
como piadoso, terrible,
donde disculpas no valen.
Pero para tu descargo
derramaré tanta sangre
que se conviertan las piedras
en rubíes y granates.
Mira que por reducirte
he tomado aqueste traje,
me he fingido deshonesto,
y he llegado a enamorarte.
Vamos al monte, María,
estas lágrimas te ablanden,
estos suspiros te muevan,

estas ansias te contrasten,
que allí para tus heridas,
tan graves y penetrantes,
seré médico que aplique
medicinas saludables.

María

¿A qué corazón de peña
no harán, padre, que se ablande
tus afectos y ternuras?
Dos veces eres mi padre,
dos veces eres mi tío;
y así debo regraciarte
el salir por tu ocasión
de cautiverio tan grave.
Llévame donde quisieres,
mas temo que han de matarte,
si saben de aqueste robo
los que fueron mis galanes;
y así es menester recato,
para que de ellos te escapes.
Demás de esto, mis vestidos,
que más que un tesoro valen,
¿qué haré de ellos?

Abrahán

                    Poco importa
perderlos porque te ganes.
En silencio está la noche,
y así no debe alterarte
lo que sucederme puede,
que como tu alma se gane,
atropellaré brioso
mayores dificultades.

María

Vamos, pues, padre Abrahán,

que quiero que desde hoy me llamen
la mesonera del cielo,
que es el mejor hospedaje.

(Vanse los dos. Sale Pantoja.)

Pantoja   Mucho Abrahán se tarda,
y ya la noche parda,
con la brillante luz del alba hermosa
se retira y ausenta presurosa;
y así es forzoso empeño
volver a la posada de mi dueño
a ver qué ha sucedido;
mas, ¡por Cristo, que [ya] siento ruido!
(Hay ruido dentro.) No me contenta nada
el ver aquesta gente alborotada.

(Sale Álvarez huyendo de Alejandro, con espada desnuda.)

Alejandro   ¡Villano fementido!
¿Dónde mi Sol radiante está escondido?
¿Adónde está María?

Álvarez   El no saberlo es la desdicha mía.

Alejandro   ¡No me mientas, villano!

Pantoja   ¡Oh, si acabase de apretar la mano,
por lo menos me holgara
que un «persignum» le diera por la cara!

Alejandro   ¡Acaba de decirlo!

Pantoja   Y tú de persignarle con un chirlo.

Álvarez	Anoche un huésped vino, con extraordinario modo y peregrino, cuyo talle mostraba ser espejo, según representaba, de santidad perfeta, y éste...
Alejandro	¿Qué?
Álvarez	Se ha llevado la maleta, y porque el mal me sobre, con llevarla me deja triste y pobre.
Alejandro	Huésped con tanto brío, éste sin duda fue Abrahán su tío. A buscarle partamos, que aunque le oculte el monte entre sus ramos, o la celeste esfera, en buscarle seré garza ligera.

(Vanse los dos.)

Pantoja	Esto está en mal estado; mejor es acogernos a sagrado.

(Vase. Sale el Demonio como antes.)

Demonio	Lleno de rabia y furor vuelvo a mirar estos riscos, donde habitan basiliscos que dan vida a mi dolor; que no puede ser mayor mi dolor y mi pesar,

que ver volver a ganar
a un pecador convertido
todo lo que había perdido
con pecar y más pecar.

   ¿Quién imaginar pudiera
que tan pública mujer,
ya sujeta a mi poder,
de mis prisiones saliera,
y que penitencia hiciera
con tan alentado brío,
que echara por tierra el mío?
Mas, ¿de quién formo querella,
si es Dios el que me atropella
con superior poderío?

   Pero ya me vengaré
del mismo Dios en María,
que mi cautela y porfía,
ha de darla un puntapié,
y a su pesar volveré
a rendirla y sujetarla,
que quien supo derribarla
de la alteza en que la vi,
el mismo soy que antes fui
para poder conquistarla.

   De poco han de aprovechar
disciplinas y silicios,
yo la volveré a los vicios
a pesar de su pesar;
ya se acabó de azotar
ya se quiere recoger;
mas mi cautela ha de hacer,
por ser negocio importante,
que todo el mundo se espante
de mi fuerza y mi poder.

(Sale María, vestida con saco, cogiendo unas disciplinas.)

María   Al paso, inmenso Señor,
que solté la rienda al vicio,
voy pagando de mis culpas
las penas entre estos riscos;
que aunque es verdad que su cuenta
las ha tomado mi tío,
es bien quien gozó los gustos
que goce de los castigos.
Licencioso el cuerpo fue,
y es razón que el cuerpo mismo
pague a costa de su sangre
lo que cometió atrevido.
Y para lavar mis culpas
tributa el corazón mío
por las bombas de los ojos
aljófares de hilo en hilo.
Y la regalada carne,
de tantos males principio,
para pagar deudas tantas
destila granates líquidos.
Todo es poco a lo que debo,
paga es corta a mis delitos,
pena es breve a tanto infierno
como tengo merecido.
Pero vos, Señor inmenso,
piadoso, manso, benigno,
los holocaustos pequeños
hacéis grandes sacrificios.
Oveja soy que perdida
me salí de vuestro aprisco,
pero ya me ha vuelto a él

133

lo dulce de vuestro silbo.
La mesonera del cielo
me llamaron en el siglo,
mejor fuera me llamaran
mesonera del abismo;
pues tantos por mi ocasión,
llevados de su apetito,
fueron a ser moradores
del eterno precipicio.
Pero ya que nombre tal
me pusieron los lascivos,
no pretendo que este nombre,
Señor, se entregue al olvido,
sino que todos me llamen,
estando en vuestro servicio
y gozándoos en el cielo,
mesonera a lo divino.

Demonio   Eso no será si puedo.

María   ¿Quién en los cóncavos nichos
                 de estas encumbradas peñas
                 y pirámides altivos
                 esparce voces al viento?

Demonio   Yo soy, lucero de Egipto,
                 que presuroso a buscarte
                 desde Tebas he venido.

María   ¿Qué quieres?

Demonio   Decirte quiero
                 que te muevan los suspiros,
                 las congojas y ternezas

las ansias y parasismos
con que Alejandro te busca;
que si no le das alivio
en tan crecidos rigores
y en males tan excesivos,
serás culpada en su muerte;
sácale de este peligro,
líbrale de aqueste riesgo
e intricado laberinto.
Mira que a todos importa
la vida de este Narciso;
no permitas que se trueque
el gualda y cárdeno lirio
el nácar de sus mejillas,
lo alentado de su brío,
lo airoso de sus acciones,
que será rigor crecido,
cuando puedes remediarle
no lo hacer; y pues es rico,
dándole palabra y mano
de esposa, que es permitido,
puedes remediar sus males,
quedando con este arbitrio,
Alejando con la vida
y tú honrada con marido.

María   ¿Qué te obliga a persuadirme
con tal fuerza?

Demonio   Ser mi amigo
Alejandro y darme pena
verle en tan grande conflicto.

María   ¿Pena te da de su pena?

Ya te entiendo, basilisco,
ya penetro tus embustes,
tu embeleco está entendido.
Ya conozco que pretendes
volverme otra vez al siglo,
para que me enrede más
en disparates y vicios;
mas no lograrás tu intento,
que si hasta agora he vivido
para el mundo, ya estoy muerta;
y aunque vivo yo no vivo,
porque vive ya en mi alma
la misma verdad que es Cristo,
y viviendo Cristo en ella
poco importan tus bramidos.
Y así, vuélvete, león,
rugiente donde has venido,
que siendo de Cristo esposa
poco has de medrar conmigo.

(Vase María.)

Demonio   ¿Hay más penas? ¿Hay más rabia?
¿Hay más tormento? ¿Hay martirio
más grave que darme pueda
—¡Ay, de mí!— el infierno mismo?
Pero, ¿para qué me quejo?
¿Para qué en balde doy gritos,
pues vienen a ser mis quejas
para más oprobio mío?

(Vase. Salen Leonato, con la espada desnuda, y Lucrecia tras él.)

Lucrecia   ¿A dónde vas, Leonato?

Leonato	A dar la muerte con aleve trato al que impide mis bienes.
Lucrecia	Detén la furia con que al monte vienes, que aunque mi esposo muera, tengo que ser contigo tigre fiera.
Leonato	Yo sé que con su muerte te mostrarás, Lucrecia, menos fuerte.
Lucrecia	Repara en que es cansarte imaginar que tengo yo de amarte.
Leonato	Cuando no hagas mi gusto, vendré a tenerle en darte ese disgusto.

(Vanse. Sale Abrahán, vestido de ermitaño.)

Abrahán	Inmenso Hacedor del orbe, que habitáis en solio eterno, en cuyo brillante trono os cantan dulces Orfeos, ya sabéis que por librar de aquel lobo carnicero a mi sobrina María me fingí ser deshonesto; y para más animarla dije que sobre mi cuello cargaba sus graves culpas, y que en el juicio tremendo de vuestra justicia sacra, donde ninguno hay exento, estarían por mi cuenta;

y así, Señor, os ofrezco
estas penitencias pocas,
que hago en aqueste desierto.
Mas de vos saber quisiera
si aquesta ovejuela ha vuelto
a vuestro rebaño sacro,
libre del infernal perro
que intentó despedazarla,
tan feroz como hambriento.

(Cantan dentro.)

Músicos

«Para que contento vivas,
en este triste destierro,
y porque te satisfagas,
escucha, Abrahán, atento:
Con tanta fuerza volaron
al soberano hemisferio
los suspiros de María,
que en ángel la convirtieron.»

(Córrese una cortina, adonde en una cueva, al pie de una cruz, estará María, vestida con saco, como muerta, y a su lado un ángel que le pone una corona, y prosigue la Música.)

«De aquesta manera premia
el Consistorio supremo
lágrimas que derramaron
los que culpas cometieron.
Y aunque desenvuelta y libre
fue mesonera del suelo,
la hacen hoy sus penitencias
mesonera de los cielos.»

Abrahán	Agora, Señor divino,
	sí que moriré contento,
	pues he visto por mis ojos
	favor tanto y tanto premio.

(Sale Pantoja corriendo.)

Pantoja	¿Qué haces, padre Abrahán,
	tan elevado y suspenso,
	cuando vienen en tu busca
	para quitarte el aliento,
	lleno de furia un vejete,
	endemoniado un mancebo,
	fuego echando por los ojos,
	y por la boca veneno?

(Salen Álvarez y Alejandro, con espadas desnudas.)

Álvarez	Entre estas rocas altivas
	dicen que estaba encubierto.

Alejandro	Agora, santo fingido,
	pagarás tu atrevimiento.
	¿Dónde tienes a María?

Abrahán	Amigos, yo no la tengo.

(Levántase.)

Alejandro	¿Del mesón no la sacaste?

Abrahán	Sí, saqué.

Alejandro	¿Pues, qué es aquesto?

¿Cómo dices que no tienes,
la que de Tebas fue espejo,
Sol claro de Alejandría,
y de estos montes lucero?

Abrahán   Porque no la tengo yo.

Alejandro   ¿Quién la tiene, pues?

Abrahán   El cielo
tiene su alma y la tierra
tiene solamente el cuerpo;
veis aquí lo que ha quedado.

Alejandro   A tus pies, padre, confieso
(De rodillas.)   mi culpa, pues por mi causa
huyó de aquestos desiertos.

Álvarez   Perdóneme a mí también.

(De rodillas.)

Pantoja   No perdone al mesonero.

Abrahán   ¿Por qué?

Pantoja   Porque fue alcahuete
por todos caminos diestro.

Abrahán   Yo os perdono, mas importa
que haya enmienda, que es severo
el Juez, y a quien no se enmiende
le castiga con infierno.

(Dentro Lucrecia.)

Lucrecia   ¡Huye, querido Abrahán!

Pantoja   ¿Otro demonio tenemos?

(Salen Leonato, con la espada desnuda, y Lucrecia tras él.)

Leonato   Pagarás, Lucrecia ingrata,
                  de esta suerte tus desprecios.

Alejandro   ¡Detén la espada, Leonato!

Leonato   ¿Tú, Alejandro, en este puesto?
                  ¿Quién al monte te ha traído?

Alejandro   Amigo Leonato, celos;
                  pero ya los he dejado.

Abrahán   Leonato, ¿aquestos excesos
                  de qué nacen?

Leonato   De haber visto
                  en Lucrecia tal desprecio,
                  que me desprecia por ti,
                  y publica que teniendo
                  vida su querido esposo,
                  son vanos mis pensamientos;
                  y así matarte quería.

Abrahán   Haz cuenta, pues, que estoy muerto,
                  Lucrecia, y dale la mano.

Lucrecia   Ya le he dicho que pretendo

	morir en aqueste monte,
	sin que me goce otro dueño.
Leonato	Pues si estás determinada,
	y reducirte no puedo
	a que conmigo te cases,
	desde aquí a Tebas me vuelvo.
Alejandro	Yo no, que con tu licencia,
	si estar contigo merezco,
	pretendo mudar de vida.
Pantoja	Y el hermano mesonero,
	¿qué pretende hacer?
Álvarez	Volverme
	a mi mesón.
Pantoja	Yo lo creo,
	que los que una vez se enseñan
	a dar gato por conejo,
	aunque Dios llame a la puerta,
	no abren a su llamamiento.
Abrahán	A Dios le demos las gracias,
	y sepultura a este cuerpo.
Alejandro	Demos, porque tenga fin
	la mesonera del cielo.

Fin de la comedia

Libros a la carta

A la carta es un servicio especializado para

empresas,

librerías,

bibliotecas,

editoriales

y centros de enseñanza;

y permite confeccionar libros que, por su formato y concepción, sirven a los propósitos más específicos de estas instituciones.

Las empresas nos encargan ediciones personalizadas para marketing editorial o para regalos institucionales. Y los interesados solicitan, a título personal, ediciones antiguas, o no disponibles en el mercado; y las acompañan con notas y comentarios críticos.

Las ediciones tienen como apoyo un libro de estilo con todo tipo de referencias sobre los criterios de tratamiento tipográfico aplicados a nuestros libros que puede ser consultado en Linkgua-ediciones.com.

Linkgua edita por encargo diferentes versiones de una misma obra con distintos tratamientos ortotipográficos (actualizaciones de carácter divulgativo de un clásico, o versiones estrictamente fieles a la edición original de referencia). Este servicio de ediciones a la carta le permitirá, si usted se dedica a la enseñanza, tener una forma de hacer pública su interpretación de un texto y, sobre una versión digitalizada «base», usted podrá introducir interpretaciones del texto fuente. Es un tópico que los profesores denuncien en clase los desmanes de una edición, o vayan comentando errores de interpretación de un texto y esta es una solución útil a esa necesidad del mundo académico.

Asimismo publicamos de manera sistemática, en un mismo catálogo, tesis doctorales y actas de congresos académicos, que son distribuidas a través de nuestra Web.

El servicio de «libros a la carta» funciona de dos formas.

1. Tenemos un fondo de libros digitalizados que usted puede personalizar en tiradas de al menos cinco ejemplares. Estas personalizaciones pueden ser de todo tipo: añadir notas de clase para uso de un grupo de estudiantes, introducir logos corporativos para uso con fines de marketing empresarial, etc. etc.

2. Buscamos libros descatalogados de otras editoriales y los reeditamos en tiradas cortas a petición de un cliente.